江苏省社会科学基金青年项目（批准号：17TYC002）成果

TIYU DILI XUE DE XUESHU YUANYUAN
XIANSHI YINGYONG YU XUEKE JIANGOU YANJIU

体育地理学的学术渊源、现实应用与学科建构研究

刘东升◎著

安徽师范大学出版社
ANHUI NORMAL UNIVERSITY PRESS
·芜湖·

图书在版编目(CIP)数据

体育地理学的学术渊源、现实应用与学科建构研究 / 刘东升著. —芜湖:安徽师范大学出版社,2023.1

ISBN 978-7-5676-5991-9

Ⅰ. ①体… Ⅱ. ①刘… Ⅲ. ①体育科学 - 地理学 - 学科建设 - 研究 - 中国 Ⅳ. ①G80-059

中国版本图书馆CIP数据核字(2023)第005526号

体育地理学的学术渊源、现实应用与学科建构研究 刘东升◇著

责任编辑:李　玲　　　　责任校对:祝凤霞

装帧设计:张　玲　冯君君　　责任印制:桑国磊

出版发行:安徽师范大学出版社

芜湖市北京东路1号安徽师范大学赭山校区　　邮政编码:241000

网　　址:http://www.ahnupress.com

发 行 部:0553-3883578　5910327　5910310(传真)

印　　刷:苏州市古得堡数码印刷有限公司

版　　次:2023年1月第1版

印　　次:2023年1月第1次印刷

规　　格:700 mm × 1000 mm　1/16

印　　张:9.25

字　　数:138千字

书　　号:978-7-5676-5991-9

定　　价:39.80元

前　言

体育活动存在于空间之中，又作用于空间进行空间生产与再造，从而形成体育活动与地理环境之间的相互影响和复杂关系，这意味着体育地理现象普遍存在，也对体育地理学的发展提出了诉求。

我国体育地理学的发展较为迅速，但作为后发学科，仍存在诸多困境甚至危机。因此，深入探讨我国体育地理学的研究成果和发展方向，具有重要的理论和实践价值。

本书从体育地理学的学术渊源、现实应用、学科建构等方面展开研究，通过对国内外体育地理学研究成果的对比分析，追溯体育地理学的学术渊源和现实应用，探索我国体育地理学的学科发展之路，进而提出开拓研究议题、建立研究团队、重视方法论突破等有针对性的建议。

由于时间仓促、著者水平有限，书中难免存在不足之处，敬请广大读者批评指正。

著　者

2022年10月

目 录

第一章

绪　论

第一节 研究背景与意义

体育活动存在于空间之中，又作用于空间进行空间生产与再造，从而形成体育活动与地理环境之间的相互影响和复杂关系，这意味着体育地理现象普遍存在，也对体育地理学的发展提出了诉求。以约翰·鲁尼为代表的体育地理绘图与体育活动空间预测学派，以及以约翰·贝尔为代表的体育生产与生活地域分异规律研究学派，为体育地理学的发展做出了突出贡献。伴随着体育全球化及各国体育的发展，理论与现实磨合的阵痛期已经出现，迫切需要体育地理学有所突破，需要系统化的学科理论和应用思路，以应对不时出现的体育地理学问题。

2016年5月17日，习近平总书记在哲学社会科学工作座谈会上指出，要按照立足中国、借鉴国外，挖掘历史、把握当代，关怀人类、面向未来的思路，着力构建中国特色哲学社会科学，在指导思想、学科体系、学术体系、话语体系等方面充分体现中国特色、中国风格、中国气派。这为构建具有中国特色的包括体育学科在内的诸多学科体系提出了新的目标和要求。中国社会科学院原院长王伟光表示，要通过学科体系建设，努力使基础学科健全扎实、重点学科优势突出、新兴学科和交叉学科创新发展、冷门学科代有传承、基础研究和应用研究相辅相成、学术研究和成果应用相互促进。在此背景下，体育材料学、体育考古学、体育信息技术、体育文献学、体育地理学等逐渐被研究者和高等院校管理者重视。

在西方，一些地理学者曾认为体育地理学不成气候，不足以构成一门新的学科。如后现代地理学著名学者迈克尔·迪尔在1988年就主张，经济、社会和政治地理才是地理学研究的重点领域，他认为关于体育的地理议题不是地理学结构的核心，也不是地理学科该阐释的。但著名地理学家奥贾拉在1994年慷慨激昂地表示，地理是一门古老的学科，可惜体育地理学还不是，体育地理学是地理学中的一个分支学科，虽然它还处于边缘……体育之中有许多地理概念存在着。奥贾拉一直强调体育地理学对于学生是具有吸引力的，并且有相当大的应用价值。约翰·贝尔反对迈克尔·迪尔之说，认为他忽略了“体育既是政治的，也是社会的和经济的”这个事实。斯科特和辛普森-豪斯利也对迈克尔·迪尔的观点提出了质疑，他们认为研究领域内的优势者总是想要指挥分支学科。

据约翰·贝尔的考证，早在1876年，即19世纪后半叶，人文地理学者劳卢斯就论述了令其印象深刻的英国板球运动，这是目前所知地理学领域中，针对体育现象的最早论述。另外，1919年美国《国家地理》杂志中发表过一篇由希尔德布兰德撰写的文章，它解释了人们所从事的游戏和体育运动是如何与自然环境相关的，这是一篇环境决定论范式下的文章。

20世纪50年代，欧美地理学者出于对体育赛事浓厚的兴趣，开始尝试从地理学的角度展开研究。20世纪60年代，西方计量革命、空间科学等充盈在地理学领域的各个角落。学界对于康德、赫特纳、哈特向等绝对空间观点的传统区域地理论述，产生强烈不满，加上电子计算机的发明、统计学方法的盛行，于是强调空间数据验证，着重对科学方法展开研究，在地理学舞台上抢占了一席之地。正如约翰斯顿所言，从20世纪60年代晚期开始，地理学经历了一连串的哲学转变，许多附属地理学和专业地理学逐渐萌芽。体育地理学就是其中之一。一般来说，体育赛事都有相当完整的记录，从一个长时段资料到年资料、月资料，甚至是日资料，都是完整的，而细如运动员的出生地，当天运动场的风向、温度、湿度等，也都有所记载，因而有地理学者认为这些资料具有相当大的应用价值，于是就产生了许多有应用价值的体育地理学研究成果。

约翰·鲁尼作为地理学家，他的学术声望就是建立在关于体育地理学的研究之上的。早在1975年，约翰·鲁尼就建议体育地理学要有自己的分析框架。

作为当代重要的体育地理学者，约翰·贝尔原本的专业是地理教育和工业地理，后来研究方向转变为体育地理学。约翰·贝尔可以说是当代体育地理学的旗手、掌舵者，著有多部专著，论文也见于各大地理学术期刊，甚至领域外的社会科学期刊。综观约翰·贝尔的论著，其早期作品的立意在于确立体育地理学在地理学中的地位，而后则努力传播体育地理学，期盼有更多的学者投入该领域。他开拓了多元的研究方向，甚至走出地理学之外，与更广泛的体育科学领域人士对话，彰显体育地理学的应用价值。

前面提到的奥贾拉则是地理学、体育学的狂热者，他从地理教学的角度出发，阐释体育地理学存在的必要性。奥贾拉所学专业原本是气象学、气候学，在思索如何让地理学概念更易被学生接受时，他认为地理与体育两者结合的课程实践可以产生良好的效果。普莱德虽然不被归为体育地理学者，但是其在1981年和1995年的两本著作中，都将体育纳入了他的研究框架中。此外，著名地理学者哈维在其作品中也花费了相当的篇幅来着墨当代体育。从这些迹象来看，体育地理学的相关研究的确应该更加被重视。然而一些优秀的体育地理学作品却不是由地理学者完成的，而是由其他学科，如历史学、社会学或人类学领域的学者所完成。例如，文化社会学者艾希贝格关于体育空间和自然环境的作品已经被公认为最具参考性的著作；人类学者斯普林伍德对于棒球地景的挖掘也是相当有趣的；耶鲁大学前校长吉亚玛提在作品中对棒球地景的分析对文化地理做出了一定的贡献。

体育地理学从20世纪五六十年代发展至今，顺应地理学的思潮，已经从原来偏重空间科学、计量、实证主义，转向了注重文化、地景研究。虽然体育地理学至今在地理学中仍然属于边缘、小众的分支学科，但发展至今已经积累了一定量的文献，因而出现了通过整合、归纳的方式，推出关于体育地理学学科框架的呼声。

1989年，但斌在国家级体育学术刊物《武汉体育学院学报》上发表《体育地理学探析》一文，对体育地理学的逻辑起点、研究对象、学科属性和特性、与相邻学科的关系，以及体育地理学的任务及其方法等进行了研究，首次在国内提出体育地理学这一学科概念。此后，国内逐渐出现引进国外先进成果的尝试性研究，相继有学者对该学科进行相关研究。至2020年底，研究内容涉及体育地理学学科理论与体系构建、地理信息系统（GIS）在相关领域的应用、体育文化及空间传播、地理环境与体育运动、体育场馆设施规划布局、体育与环境等方面的相关文献计500余篇，体育地理学的学科框架已初具雏形，但仍处于以定性描述为主的阶段。

综上所述，在全球体育发展充满不确定性和西方体育地理学大发展的背景下，我国体育地理学的发展较为迅速，但作为后发学科，仍存在诸多困境甚至危机。面对新的发展形势，机遇与挑战共存。此时，认真总结并深入讨论我国体育地理学的学术渊源、现实应用与学科建构，具有重要的理论和实践价值。

作为有着明确研究对象、极强包容性和知识拓展功能的地理学或体育学分支，体育地理学既涉及人文地理学，也涉及自然地理学，还涉及地理信息技术，因此，体育地理学在发展过程中必须既要反对过度人文化，又要反对过度技术化。和以往有关体育地理学的研究成果不同，本书将体育地理学作为研究对象（分别作为研究领域、应用领域和学科类别），旨在通过对比分析国内外体育地理学的研究成果，追溯体育地理学的学术渊源和现实应用，探索我国体育地理学的学科发展策略，坚定我国体育地理学必须立足于体育学及地理学学科之林的发展思路，同时表明该学科在为体育发展实践服务上有着强大的生命力。

第二节 研究对象与目标

本书以体育地理学为研究对象（分别作为研究领域、应用领域和学科类别），从学术渊源、现实应用和学科建构三个方面探究体育地理学的发展。

主要目标包括以下三个方面：

（1）梳理地理学、社会学、经济学、人类学等学科关于体育地理学问题的研究成果和主要学术观点，对比分析以约翰·鲁尼为代表的体育地理绘图与体育活动空间预测学派和以约翰·贝尔为代表的体育生产与生活地域分异规律研究学派，探寻当代体育地理学的学术渊源。

（2）围绕体育地理学在体育改革与发展中的指导价值，以及体育地理技术在重大体育赛事管理、体育城市建设、体育商业项目、竞技体育（地理环境对训练效果的影响及其利用）、群众体育（全民健身路径的选择），以及学校体育（青少年体质健康情况的分布特点与干预策略）中的应用，考察体育地理学在现实体育发展与工作实践中的运用领域。

（3）结合我国体育地理学的发展现状，讨论体育地理学学科建构的基本方向和策略，从研究议题、研究团队、方法论、研究伦理、国际定位等方面提出针对性建议。

本书的总体框架见图 1-1：

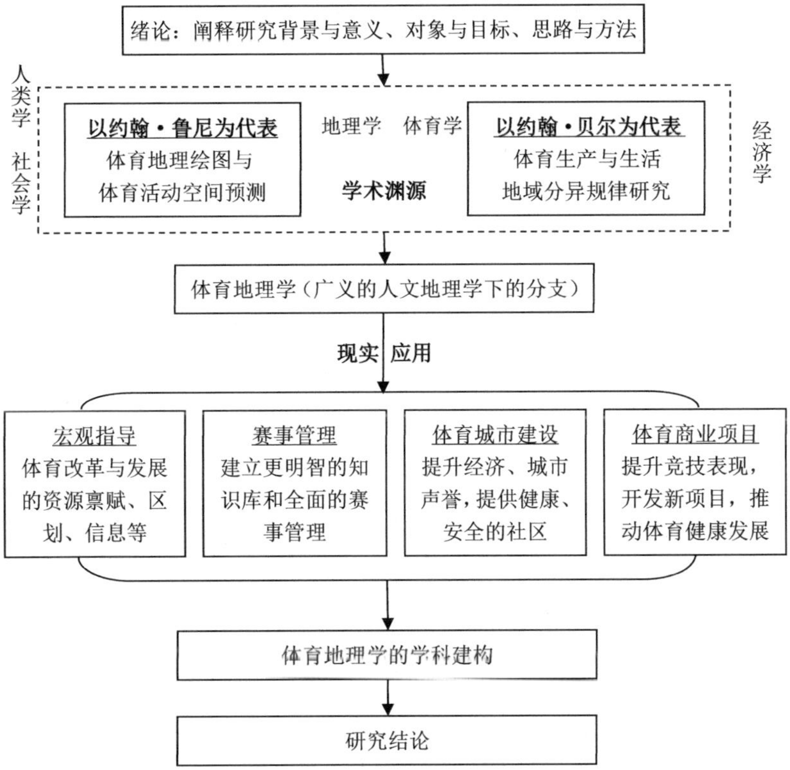

图 1-1 本书总体框架

研究重点：广泛借鉴人类学、社会学、经济学等相关学科的研究成果，理顺体育地理学的学术渊源及其价值；在探索理论问题的同时，挖掘并梳理体育地理学的现实应用；加强对我国体育地理学的理论创新探索，解析复杂的国际形势和不断涌现的体育发展新问题，为体育地理学学科发展建言献策。

研究难点：对体育地理学学科发展趋势的探讨。若延续体育地理学的既有研究思维，难免有简单化、片面化、模糊化之嫌。体育地理学面临复杂多变的发展趋势，是走人文地理学的“人文化”之路，还是走地理信息技术的“技术化”之路，抑或是坚持自己的特色，拓展独特的“体育地理化”道路？作为一门人文、自然与技术的交叉学科，体育地理学的发展既要立足于体育地理学的学科地位，同时又要承担服务于体育发展的学科任务。

第三节　研究思路与方法

本书的研究思路如图 1-2 所示。

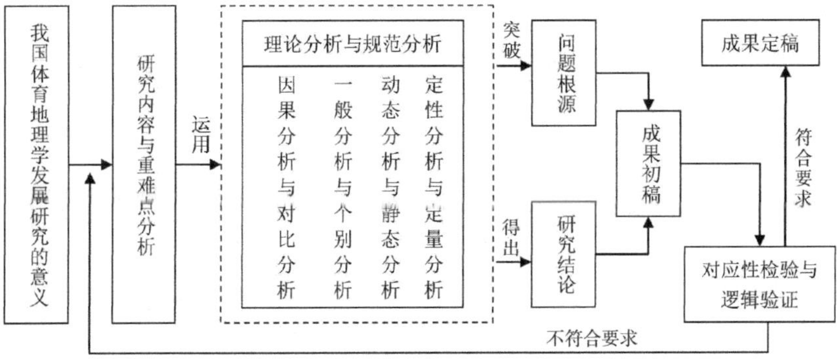

图 1-2　本书研究思路

具体研究方法如下：

因果分析：分析我国体育地理学的学术渊源，追根溯源，探讨体育地理学的研究脉络与发展趋势。

对比分析：针对国内外体育地理学的各种思潮和观点，对比分析、去伪存真，从中挖掘对体育地理学发展有价值的内容，为学科的现实应用和未来发展指明方向。

一般分析：分析与描述体育地理学的学科性质、研究对象、研究任务、理论体系等，使其具有一般性和普遍性。

个别分析：我国体育地理学在发展中面临的问题、需要解决的重点、可选择的策略等，必定与其他国家不同，而这些都需要个别问题个别分析，不能以偏概全。

动态分析：对我国体育地理学学术渊源、发展历程的归纳总结，必须站在复杂性、系统性、综合性的高度来动态地审视其发展脉络。

静态分析：体育地理学每一发展阶段的研究成果基本上可以确定下来，对这些成果的归纳总结则属于静态分析的范畴。

定性分析：作为一个侧重于探索学科发展理论的研究，其以定性阐述为基础，力图从逻辑体系上详细分析体育地理学的学科发展。

定量分析：统计研究成果的数量、发展速度，可以很好地揭示学科发展的优势与不足及其现实应用领域。

第二章

体育地理学的学术渊源

第一节　体育地理学缘何兴起

体育与地理历来有着千丝万缕的联系，山川湖泊、平原旷野等为体育活动提供了场所，冷暖寒暑、春夏秋冬也影响着运动项目的季节性。虽然体育具有地理学的基本特征，但是长期以来，地理一向忽视体育，而体育又一向忽视地理，人们一直没有把体育视为一项值得作严肃研究的地理学课题，地理学（当然还有许多别的学科）只是把体育作为一种附带现象加以对待。

近年来，随着体育文化的广泛传播和体育产业化进程的加速，体育越来越受到包括地理学在内的相关学科的广泛关注。这是因为体育产业化使体育成为一项重要的经济活动，因此，它是经济地理学的合理内容；同时，体育又是现代文化的重要组成部分，因此，从文化地理学的角度研究体育也是合情合理的。此外，自然环境不可否认地影响着运动员的成绩，这使得体育也渗透了体育环境学研究。体育和地理都关注空间和占据空间的方式，也都关注地理空间内人与物运动和相互作用的方式。以上种种共性和特点，都为体育地理学的发展孕育着活力。

一、源自一个特色体育项目——板球

地理类出版物第一次提到体育运动是在19世纪70年代末。1879年埃利泽·勒克吕在他的著作《世界地理》中谈到了板球运动。勒克吕，法国地理学家和无政府主义者，1892年获得巴黎地理学会金奖。1852—1857年，他考察了不列颠群岛、美国、中美洲和哥伦比亚。回到法国后，他专心研究地理学，出版了《地球》和《小溪的历史》。他的另一部代表作《地球及其居民》使用了大量的地图和版画，并以精彩的阐述为特色，具有较高的科学价值。在这部作品中，勒克吕也谈到了板球。板球是一项欧洲传统体育运动，但它不仅仅是比赛或休闲形式的体育运动，它还引起了许多诗人、散文作家、画家和编年史家的关注和研究。不同学科的研究者不仅研究了板球运动员、比赛和教练手册，而且在板球哲学、政治、道德和历史等方面也开展了大量研究。用布赖恩·斯托达特教授的话来说，“阅读板球就是阅读生活”，它已成为西方学术领域中非常重要的课题。

许多浪漫主义作家都对板球运动表达了喜爱和敬畏之情，承认它比其他运动更重要。例如，作家尤斯塔斯·迈尔斯表示，板球运动能够折射出诸如合作、分工、专业化、民族性格、艺术、生理学、卫生学、地理学等内涵。

勒克吕认为：板球运动体现了更广泛的社会斗争，这种斗争在19世纪后期对欧洲产生了巨大的影响；板球运动的跨文化、跨空间传播，特别适用于阐释历史。为此，勒克吕将注意力转向研究不同群体理解板球运动的方式，并利用板球运动来研究他们对时空变化和不确定性的特殊兴趣。

二、环境决定论和早期体育地理学

尽管环境决定论是19世纪末20世纪初正式确立起来的一种地理学相关理论，但它的起源可以追溯到古希腊。例如，斯特拉博、柏拉图和亚里士多德使用气候因素来解释为什么希腊社会早期比在炎热和寒冷气候下更加发达。此外，亚里士多德还提出了气候分类系统，用以解释为什么人们只能在某些地区定居。

早期学者利用环境决定论来解释社会文化，以及人们身体特征背后的原因。例如，阿拉伯作家贾希兹将环境因素列为不同肤色产生的原因，他认为许多非洲人及其他哺乳动物、鸟类、昆虫等的皮肤较黑，是受黑色玄武岩影响的结果。阿拉伯哲学家、历史学家、社会学家伊本·赫勒敦，是较早的环境决定论者之一，他认为撒哈拉以南非洲的炎热气候导致了当地人们皮肤变黑。

环境决定论从19世纪后期开始逐渐上升到现代地理学中最突出的位置，当时它被德国地理学家弗里德里希·拉采尔复兴并成为其学科的核心理论。拉采尔的理论是在1859年达尔文的《物种起源》出版之后提出的，故受到生物进化论的深刻影响。

20世纪初，拉采尔的学生、马萨诸塞州伍斯特市克拉克大学教授艾伦·丘吉尔·森普尔在美国介绍环境决定论，此后，环境决定论在美国开始流行。与拉采尔最初的学术渊源一致，森普尔的观点也受到生物进化论的影响。

拉采尔的另一位学生，美国地理学家埃尔斯沃思·亨廷顿与森普尔几乎同时致力于拓展环境决定论。只不过亨廷顿的工作拓展了环境决定论的一个子集，20世纪初被称为气候决定论。他的理论指出，一个国家的经济发展情况可以根据它与赤道的距离来预测。他认为，农作物生长周期短的温带气候会刺激经济增长，而在热带地区农业种植的便利阻碍了他们的工业进步。

整个20世纪上半叶，环境决定论都是地理学的主导理论。从本质上说，环境决定论认为自然环境决定了人类行为。学者们的著作明示或暗示人类的身体活动是由自然环境因素决定的，而忽略了文化、政治和历史因素的影响。在体育方面，学者们认为环境是解释运动能力差异的变量，某些民族由于受居住区域气候的影响而擅长某些体育运动。

森普尔和亨廷顿都可以被视为潜在的体育地理学家。森普尔的观点具有典型的环境决定论思想，例如，高山给了人爬坡的腿部肌肉，沿着海岸奔跑的人软弱无力。亨廷顿的著作比森普尔更进一步解释了运动表现和气候的关系。他的大部分研究基于他的“气候效率”和“人类活力”全球地图。他的全球地图显示欧洲西北部和美国东北部是“气候效率”最高的地区。亨廷顿表示，在他所研究的30个国家中，“活力指数”较高的是新西兰、荷兰和澳大利亚，较低的是埃及和印度。

除了以上两位学者，1919年，希尔德布兰德在其发表的一篇文章中断言，人们参加的运动是由他们居住区域的自然环境决定的。1929年，德国作家科纳指出，中非山区的年轻牧民可以快速且毫不费力地爬上陡峭的斜坡，地形是他们运动能力强的主要决定因素。

20世纪二三十年代，芬兰出现了大量中长跑运动员。雷沃里在著作中简洁地解释了杰出的芬兰长跑运动员帕沃·努尔米的成功之道。他认为：“努尔米是芬兰黄昏和寒冷的产物……在这片土地上的各种存在，天生就注定了芬兰人特殊的能力，跑步已经融入了每个芬兰人的血液之中。当你看到清澈深绿的森林，视野开阔的郁郁葱葱的平原……高处大量的树木和永无止境的浅蓝色地平线，湖泊与海融为一体，一个人被一种不由自主的兴高采烈的感觉所征服，即使你没有翅膀飞，你也想奔跑。努尔米和他的朋友们……他们奔跑是因为有一种深切的需要，因为一种奇特的梦幻般的风景不断地吸引着他们，把他们拉入它的魔咒中。”

1941年，克伦威尔和韦森从不同的立场，对非裔美国运动员的成功进行解释，他们认为这得益于他们祖先的生存环境条件——美国黑人短跑运动员的能力源于他们的冲刺和跳跃能力是生死攸关的能力，尤其在丛林中。将长跑运动能力归因于生物学和种族特征的学者恩坦提出种族优越神话，他利用遗传、种族和环境决定论来说明黑人运动员在体育运动中占优势的遗传基础。

哈维·雷曼曾试图描述和解释美国职业棒球运动员的地域性差异。他通过研究发现，更多的职业棒球运动员来自南部各州，虽然他承认其他因素同样重要，但给出的首要影响因素是“南方有更长的训练季和比赛季”，这也是一个典型的环境决定论思维定势。

20世纪50年代开始，环境决定论不再是地理学方法论的正统。恩斯特·乔克尔关于1952年奥运会的一项研究对环境决定论的观点提出了质疑，甚至批判环境决定论的观点本质上是一种种族主义观点。然而，就体育地理研究而言，令人担忧的区域差异论继续存在，相当一部分研究重点放在寻找空间模式上，其推动者便是俄克拉何马州州立大学的约翰·鲁尼，他试图提升体育地理学的形象，并在美国尝试创造一个被同行认可的体育地理学学科。

第二节　体育地理学的两个重要学派

一、以约翰·鲁尼为代表的体育地理绘图与体育活动空间预测学派

许多地理学家发表的论文提及体育，提出了有关体育的有趣见解。他们提及体育主要用于说明地理问题、表达地理思想。早期的代表是美国地理学家艾伦·普雷德，他利用体育来说明其他更广泛的主题。同样，彼得·古尔德，20世纪70年代至90年代美国首屈一指的地理学家之一，也曾以体育为例来说明几种定量地理方法。此外，当代西方地理学家中以思想见长且影响极大的一位学者——大卫·哈维，在他的著作中也提到了一些体育运动。

和上述学者不同，有的地理学者将注意力集中在体育研究上，如俄克拉何马州州立大学的约翰·鲁尼，就是一位以体育地理学写作而闻名的学者。1974年的《美国体育地理：从小屋溪到阿纳海姆》、1986年的《高尔夫的需求》等都是他的代表作。

20世纪60年代后期到20世纪90年代中期，鲁尼发表了大量地理方面的研究成果来说明美国体育运动的变化。他最具代表性的作品是与另一位先驱理查德·皮尔斯伯里博士合著的《美国体育地图集》。

鲁尼的研究方法与哈维·雷曼非常相似。哈维·雷曼试图解释棒球运动员的地理分布特征，并采用区位商及偏离预期的定量计算方法展开研究。鲁尼的研究关注培养优秀运动员，也探索了体育设施的分布情况。他的基本方法是通过人均指数比较区域水平。他将全国指数计为1.0，这提供了一个简便的衡量标准，可用于比较区域水平。人均指数通过以下公式计算得出：

$$I = \frac{N}{P} / \frac{1}{n}$$

其中，N代表国家或州等特定区域内运动员或俱乐部的数量，P代表该区域的人口，n代表每个俱乐部的人数或每个特定区域内运动员的数量。

“体育生产”的地区差异在美国很大。通过分析1968—1988年NCAA（National Collegiate Athletic Association，全国大学体育协会，是由美国一千多所大学院校参与结盟的一个协会）一级大学队名单，鲁尼和皮尔斯伯里指出，20世纪80年代，得克萨斯州的指数为5.85，乔治亚州的指数为1.91。在得克萨斯州，43.4%的县有大学生足球运动员，人均指数在2.0以上。然而，从华盛顿到密歇根的北部各州，人均指数低于美国国家标准0.75。

鲁尼的方法又被欧洲学者用来详细研究英国的“体育区”。英格兰和威尔士的职业足球运动员和拳击手，以全国平均水平1.3倍以上为基准输出。对于足球运动员来说，有三个区域存在高“生产力”：一是东北部工业区，泰恩-威尔、克利夫兰和达勒姆，指数分别为2.64、2.31和1.75；二是再往南，克莱维德、默西塞德和大曼彻斯特，指数分别为1.92、2.22和1.39，高出全国平均水平；三是亨伯赛德和南约克郡，指数分别为1.43和2.34。职业拳击手和足球运动员倾向于来自传统重工业区域。

20世纪80年代，诺丁汉、莱斯特和北安普敦是高水平拳击手的产生区域，该地区的主要活动中心是莱斯特和诺丁汉，指数分别为2.41和1.55。同样，伦敦的拳击手与其足球运动员的相对产生能力不匹配。在田径等多项运动中，英国东南部被证明短跑运动员的人均水平较高，而长跑运动员往往是西北部最多产。在美国，优秀的田径运动员主要产生于西部各州的高中，从亚利桑那州到华盛顿州的连续州块指数超过2.0。

鲁尼和皮尔斯伯里在解释“体育生产”中为什么存在这种地理差异时，回避了环境确定性。在某些情况下，运动提供了逃离贫民窟或救济院的途径。地理差异背后无疑具有多元解释路径。耶特曼和艾森认为，这是一个未知的变量组合，他们发现在一些社会和经济变量的统计分析中，解释拳击手和足球运动员的产生很可能需要区域流行文化，因为在经济相似的地区，不同运动员对劳动力市场的反应不同。

总的来说，20世纪60年代，鲁尼的研究范式在国际范围内被广泛应用，开创了体育地理学的先河。区域范式有助于改变环境决定论之于体育地理研究的刻板印象。当然，人均变量方法要分析运动员产生和流行情况，而大众参与情况仅依据一个变量判断，即与总人口相关的参与者数量。为获得一个能表明参与一项特定运动的真实程度的参数，一些研究采取了介入措施。例如，美国“Rooney-Adams高尔夫参与指数”涉及多个人均变量，包括设施供应、设备采购、高尔夫杂志订阅，以及对高中比赛的支持程度，证实了中西部和东北部是高尔夫运动的重要地区。根据这些标准可知，艾奥瓦州、密歇根州、明尼苏达州、威斯康星州、汉普郡和康涅狄格州是发展水平领先的“高尔夫州”。南方大部分地区参与度很低，高尔夫运动发展水平也较低。这样的研究显然适用于各种运动，这些发现有助于体育设备和设施的营销。

在继承鲁尼研究思路的基础上，麦康奈尔指出，鲁尼的研究缺乏科学预测，尤其是较少讨论运动员从一个地区或州迁移到另一个地区或州的“地理迁移”问题。麦康奈尔的研究要复杂得多，他采用了迁移引力模型等预测技术。该技术在当时地理学定量研究中被广泛使用。此外，奥古斯丁、罗夫内尔也都对鲁尼的研究思路进行了继承与发扬。

鲁尼对体育地理学的其他贡献主要是创办了《体育与地方：体育地理学》，这一期刊旨在传播体育地理学的研究成果。第一期于1987年出版，在延续基于等值线图研究传统的同时，还收录了一些人文和解释性论文。2000年，该期刊因为资金不足、高质量论文缺乏，以及不可预测的营销问题等而停办。《体育与地方：体育地理学》的停办和以体育为重点的地理学学术会议的相对衰落，并不意味着地理学家对体育和身体实践的兴趣有所下降。事实上，就在鲁尼的俄克拉荷马学派开始衰落时，文化地理学承认了身体的重要性。

二、以约翰·贝尔为代表的体育生产与生活地域分异规律研究学派

欧洲学术界一直保持着这样一个传统：既重视学术史研究和书本知识，也看重田野调查。这就让欧洲的体育地理学多了些文化研究、社会反思和文化批判的色彩，避免了单一的计量分析。约翰·贝尔的研究便体现了欧洲学术界的这一特点。在对体育地理学的学科定义进行全面修订和更新中，约翰·贝尔全面探讨了体育、空间、地方、位置和景观等概念。《体育地理学》一书通过借鉴世界各地的案例，展示了地理是如何影响我们对体育的理解的，以及在现代体育传播与发展中蕴含的地理学问题。约翰·贝尔可以说是当代体育

地理学的旗手、掌舵者，著有多部专著，论文也见于各大地理学术期刊，甚至是领域外的社会科学期刊。综观约翰·贝尔的论著，早期作品的立意在于确立体育地理学在地理学中的地位，而后则努力传播体育地理学，期盼有更多的学者投入该领域。他开拓了多元的研究方向，甚至走出地理学之外，与更广泛的体育科学领域人士对话，彰显了体育地理学的应用价值。

以约翰·贝尔为代表的一众学者将体育地理学的研究内容引向了体育生产与生活空间演绎。整体而言，该学派的研究呈现“一组概念、一个过程和四对关系”的样态。一组概念即“空间”与“地方”，一个过程即现代体育的传播过程，四对关系即“体育与经济”“体育与社会”“体育与文化”“体育与媒介”的关系。严格来说，一组概念、一个过程和四对关系的逻辑关系并不是十分清晰，概念、过程和关系之间的学理也没有表达得非常清楚。这也反映出当时体育地理学的“学科树”并没有真正构建完成。

（一）空间与地方的概念

自约翰·鲁尼以来，体育地理学研究中的空间视角越来越受到关注。影响这一发展的重要因素是全球化背景下发生的巨大社会变化，这些变化引起了人们对全球互联性、流动性日益增加的重要性以及全球和地方进程之间关系等问题的关注。约翰·贝尔呼吁将体育问题研究空间化。20世纪80年代以来，体育空间和场所的地理学和跨学科研究文献的数量激增。这种“空间转向”使空间和地方成为体育地理学研究中越来越重要的概念。

空间、地方是地理学常用术语，但隐藏着复杂的含义。正如地理学家约翰·阿格纽所指出的：“可能与最初出现的情况相反，空间和地方是相当复杂的词。”关于空间和地方的概念与联系，学科内部和学科之间存在相当大的语义混淆。人类学家赛塔·罗确定了空间和地方之间联系的一些概念模式。第一个模式是“它们是独立的结构，没有重叠”。第二个模式是“空间是更具包容性的结构，而地方保留其相关性和意义，但只是作为空间的一个子集”。在这种情况下，赛塔·罗认为，空间是现实的客观三维延伸，而地方是由空间实践组成的生活空间，如具有文化意义的家空间。第三个模式是“地方是更大的范畴，包含概念上有限且定义更窄的空间构造”。客观空间更像是一种理性的抽象，借鉴了先前对生活场所的经验。根据赛塔·罗的说法，第二个概念模式反映了社会科学家思考空间和地方的最常见方式。阿格纽认为，空间在很大程度上被视为物质所在的维度或包含实质性项目的网格。尽管它很受欢迎，但其在客观（空间）和主观（地方）之间进行了简单的区分，没有充分考虑它们的相互关系和构成联系。

在更广泛的社会学和社会地理学领域，为了将社会生活的空间维度理论化，学者已经对空间和地方的概念意义进行了广泛探索和辩论。空间理论讨论的出发点是认为空间是一个空的、中性的容器，生命在其中发生。然而，当代空间理论家一致认为，这种空间观是不可持续的，并且已经转向对空间的社会关系的理解。简单地说，要使空间存在，首先需要有可以识别空间的点。从这个意义上说，空间是由关系产生的，而不是预先存在的，用美国后现代地理学家索雅的话表示，即“空间性”问题。

很多空间性研究的思想来源于列斐伏尔，他从资本主义社会生产适合生产发生所需的社会和经济关系的空间的方式来讨论“空间的生产”。这些论点随后被哈维等地理学家采纳，并用于描述企业主寻求适合经商环境时创建和发展区域的方式。通过资本主义生产和消费过程，人与物相互联系，环境被构建，区域出现，空间产生。

英国著名社会学家厄里认为，空间不仅存在，而且是在资本主义生产过程中产生的。

随后的理论成果从马克思主义对生产的关注转移到考虑空间由各种社会关系产生的方式上。这些成果不是客观的、既定的、静态的，而是强调空间是社会生活的构成要素。在这方面，英国当代有名的马克思主义地理学家多琳·马西认为，空间是从大量身份、关系和流动性的复杂交叉点中产生的。这里没有一种关系优先，经济关系、性别关系、代际关系的社会构建意义混在一起。空间是动态的，不断变化的。出于对空间动态性和复杂性的兴趣，约翰·贝尔主张将空间视为相互交织、相互依存、可渗透且始终运动的存在。

地方的概念与空间的概念有着复杂的关系。地方让人想起诸如邻里、场所等术语，它指向的是一个有意义的、关于生活的、具体的和感性的方面。海德格尔将地方视为人类生存的基础，认为人类活动在将事物有意义地结合在一起时，创造了作为人类主体性居所的场所。马尔帕斯将地方描述为“生活中紧密编织的统一体”，而这只有通过创造场所的实践才有可能实现。思瑞福迪将地方描述为一种思考空间的方式，强调日常生活等的节奏。多琳·马西在研究地方感方面很有见地，为了探索全球的地方感，她研究了地方、社区和场所由权力几何构成的方式。这些权力几何可以追溯到跨越全球的经济、社会和文化过程。人们居住的地方不是狭隘的、真实的所在地，而是由利用各种经济和文化资源的社会实践产生的。

空间理论已经从将空间视为客观的、空洞的和中性的观点，转变为将空间和地方视为生产的、相关的和复杂的，并将地方视为在嵌入社会关系网络的社会实践中出现的观点。因此，在当代地理学范畴里，空间和地方相互牵连，由产生它们的社会、文化和经济关系网相连。这引发了关于空间定位影响人们生活位置的问题，即

“规模”问题。空间和地方通常通过使用二分法（如局部 / 全局）来指代，这些二分法映射到其他二分法，如具体 / 抽象、微观 / 宏观、内部 / 外部等。然而，如果场所具有渗透性且相互联系，而创造场所的实践从外部资源创造内部资源，那么诸如地方性与全球性之类区别的意义何在？对规模政治的讨论，使这个问题变得更加重要，因为这些二分法通常映射到社会分歧：本地 / 全球这种区分将人们置于宏观社会之外。

地理学家已经承认这一点，并探索了社会关系如何在与上述空间生产相关的过程中构建区域、地方和空间尺度。从强调经济转向更广泛的社会和文化关系，有多个尺度有争议，并且在不断变化。这些尺度包括社会建构的主体——家庭（及其与私人领域的联系）、社区（社会再生产的流动场所）、城市与区域（这些地区之间产生的差异）、国家（具有社会和空间后果的政治建构）和全球（本身就是社会和政治斗争的场所）。

约翰·贝尔指出，尽管运动员、教练员过着当地的生活，但他们参与了跨越全球的过程。体育活动是深刻的空间化活动。作为社会实践，体育受到宏观社会和经济结构的影响，因此涉及在全球和地方尺度上运行的空间过程。体育全球化根植于当地社会和经济结构中，如劳动力市场、家庭经济、教育系统等，而这些背景也受到全球化进程的影响。

（二）现代体育的传播过程

体育的传播与国家的政治和经济密切相关，同时受到文化因素的影响。这些因素使某些体育运动在某些国家具有吸引力，如英国和美国一直是板球、足球、篮球和棒球等体育运动的主要输出国。

体育运动的传播历来是复杂和多向的，现代体育的发展与资本主义消费文化的扩散和经济转型过程密切相关。在过去的一百多年里，人们见证了大众媒体和体育的加速融合。它们作为重要的公共或私人机构出现，被娱乐和传媒的工业化、合理化和商品化所改变。媒体与体育联系的重要产物是体育运动的电视报道，尤其是现场比赛。大量电视观众对广告商、赞助商、体育和电视公司的商业价值之大，导致转播权的成本不断攀升。因此，政治经济学中的社会与行为科学家倾向于将媒体视为体育运动的主导。采用文化主义方法的研究者也将观众的“活生生的”文化历史视为塑造媒体体育使用和消费的重要因素。此外，新的媒体技术有可能重塑大众媒体体育生产者和消费者之间的关系。

在当代体育界，人们普遍认为体育管理是复杂的，因为它提供给参与者和消费者的产品非常特殊。这种说法伴随着这样一种观点，即虽然职业体育在很大程度上只是另一种商业形式，但它具有一系列特殊功能，需要一套定制的实践标准来确保其有效运作。虽然商业和体育都关注扩大市场份额、建立品牌和提高利润，但体育在传递强烈的情感体验、集体归属感和牢固的人际关系方面作用显著。虽然体育的发展创造了一个围绕复杂机构建立的行业，每年产生数以亿计的收入，但它也创造了一个更加多样化和异质化的结构和体验系统。

大众传媒和体育在现代社会中越来越紧密地交织在一起，形成了所谓的传媒体育文化综合体。虽然电视是功能强大的媒体，让观众越来越容易接触到体育运动，但有学者担心它主导甚至贬低了体育运动。因此，在日益全球化和数字化的环境中，分析媒体体育的意义、意识形态和用途，研究体育文化如何以多种方式发挥作用非常重要。

约翰·贝尔从两个方面关注体育的地理传播与扩散：一是帝国

主义在体育传播中的影响，二是全球化对体育传播的影响。

1. 帝国主义在体育传播中的影响

约翰·贝尔认为，体育运动一直被用作帝国主义的服务工具。体育的“政治中立”只是个乌托邦式的愿景，利用体育进行宣传普遍存在。体育盛会（如奥运会的开幕式或者国家队在大型比赛中的入场式）能激起强烈的集体情感，这些情感很容易被帝国主义操纵。国际比赛通常伴随着军乐，并以赞美诗开始或结束，在这神圣的短暂时刻，社会阶级被“解散”，观众站起来唱歌，眼睛盯着国旗。体育场合的庆祝活动充斥着旗帜和预制的民族神话，体现了国家精神，并被赋予与军队相同的仪式：勋章、奖章、游行。

约翰·贝尔和欧洲的一些体育地理学研究者认为，“体育道德”是资本主义的道德，可以用几个词来概括，即野心、欺骗、腐败、虚伪、暴力等，体育运动本身只是一种纯粹的幻觉，为此，身体和智力活动之间的各种人为分离，球员和观众之间的强行对抗，必须由一个统一的、创造性的和自由的人类世界取而代之。

2. 全球化对体育传播的影响

全球化是地理学和其他社会科学中讨论最广泛的话题之一，是指商品、资金、知识、文化价值等跨越国界的流动。全球化具有经济、政治、文化、空间和环境多面性。全球化的原因和影响引起了激烈的争论。有些学者认为我们生活在一个历史上独一无二的全球化世界，有一个单一的世界市场，空间距离对经济和社会关系的影响不大。相应地，全球化影响到每个人和所有地方，国家无力控制超移动资本，因此抵制它是徒劳的。有些学者则接受全球化的某些方面，但对“全球化是史无前例的”观点持怀疑态度，他们强调总部设在特定国家的国际公司的重要性，指出劳动力相对于资本的流动性有限。因此，全球化是一个不平衡的发展过程，国家和民族文化仍然是重要的因素。

夏季奥运会的复兴始自1896年，当时希腊雅典举办了第一次真正的全球性比赛，但仅限于业余爱好者。世界杯足球赛于1930年出现，是第一个允许职业运动员参加的全球性赛事。足球锦标赛（如欧洲冠军俱乐部杯，后来演变为欧洲冠军联赛）也于20世纪中叶在世界各地兴起。除了足球，其他运动的全球化是有限的。于是，相关体育组织通过各种措施推进体育活动的传播。美国体育联盟在多伦多、温哥华和蒙特利尔增加了加拿大特许经营权，而冰球联盟（NHL）将冰球扩展到北美洲更大范围的地区。

如今，来自世界各地的运动员涌入美国体育联盟和欧洲足球俱乐部，那些在国家电视台和互联网上播出的比赛成就了体育的全球化。

全球化为职业体育联盟带来了哪些变化？体育的未来在于向全球市场转变。我们经常可以看到美国人穿着曼联球衣，在中国可以找到湖人队的球迷。最终，联盟将拥有多州的特许经营权。随着全球市场带来的收入不断增长，体育联盟将获得更大的利润。

当代西方体育地理学研究者尤其注重批判性地评估全球化和商业力量对体育运动的影响。斯图尔特和史密斯在进行体育独特性阐述时，认为应该分析全球化和商业化对组织管理和治理的影响，并讨论这些变化对体育组织管理的影响。

体育吸引了公众的兴趣，现代体育和现代大众媒体都是具有较高价值的领域。如果没有大众媒体的宣传和支持，体育就难以发挥作用。体育器材和体育相关商品的巨大市场在很大程度上是由媒体的体育报道支撑的，而相关大众媒体的经济基础在很大程度上取决于体育创造的大量忠实的读者、听众、观众和消费者。

体育活动的大量增加推动体育的主要特征发生了重大变化。这些表征体育运动的变化与社会变化有关。首先，世界各国体育活动的发展趋势是多元化，即体育活动类型逐渐增加。其次，体育活动经历了多样化和差异化的过程，休闲体育、业余体育和职业体育逐渐分离。最后，体育活动受到日益增长的个人主义的影响，体育越来越被视为个人的一种选择。

多元化和个人主义可能被视为体育市场化或商业化趋势的原因。体育市场是增长较快的休闲市场之一。各种运动都以越来越多的资本参与为特征。今天，大型体育赛事被赋予经济价值，大型体育赛事的赞助费用可以高达数百万美元，网络电视台转播比赛需要支付高额费用，体育用品的销售和许可成为一种跨国业务。这些趋势不限于职业运动员和职业赛事，其中一些趋势也同样适用于业余体育运动。如麦高伊和利施所述，体育通过观众人数的增加逐渐商业化，收入是通过入场券等形式产生的。虽然现场直播和广播电视体育评论的出现最初导致体育机构的收入下降，但大众体育越来越多地与传媒机构签订了经济回报更高的合同。

根据查德威克等的观点，一项体育运动作为一个商业项目发展具有一系列阶段特点。这些阶段是运动的基础、编码、分层、专业化、后专业化、商业化和后商业化。一项运动的商业化涉及公开商业环境的发展，外部组织看到参与这项运动的机会，通常以赞助形式进行营销（涉及管理机构、联盟和俱乐部）及代言（涉及球员）。

约翰·贝尔曾将英国足球职业化发展作为体育地理学的考察对象，认为如果体育组织、联盟和俱乐部在管理大量增加的可用收入方面无能，那么他们将面临压力，以至于某些职业俱乐部可能被迫解散。英国足球的商业化始于1960年底，当时德士古（一家石油公司）和沃特尼（一家啤酒厂）为联盟杯赛提供赞助。20世纪90年代末，商业化已经牢固地根植于整个顶级联赛中，商业组织赞助了一系列活动和设施，俱乐部网站已与博彩公司、移动电话公司和其他外部组织整合。

1993年1月至1997年1月，足球板块的股票上涨了774%。1995年至1996年中的18个月，曼联和托特纳姆热刺的股价分别上涨了336%和368%，许多人因此从股票市场中赚了一大笔钱。财务实力较弱的俱乐部则面临着巨大压力。体育的商业化产生了商业消费收入，如球衣销售、商业赞助、体育场的开发等。

全球化可以被描述为世界人民统一为一个社会的过程。这个过程是经济、技术、社会、文化和政治力量的结合。在体育领域，全球化并不意味着推广国际比赛和参加测试比赛或国际比赛。它是一个暂时的事件，具有较小的持久影响。体育的全球化威胁着拥有特许经营权国家的体育组织。所以，这对职业协会来说是一个大问题，比如日本和韩国的棒球和足球协会以及菲律宾的篮球协会。体育管理与全球化没有直接关系。但是，由于当今媒体的广泛覆盖和体育的普及，全球化是一个不可避免的问题，对于当地的体育组织来说也是如此。

国际体育企业一直在寻找机会进军一个新的市场，从这个意义上说，体育与农业和工业产品非常相似。此外，从20世纪80年代开始，全球体育运动加速发展。例如，体育用品、设备和景观从一个国家到另一个国家的流动性已经增加，媒体体育生产综合体向全球观众投射影像。

约翰·贝尔还曾引用马西特拉雷希斯等的观点——“体育运动受到许多相同力量的影响，这些力量正在增强消费者和娱乐产品的全球分布”，因为随着运动员高水平的职业比赛，体育运动的影响力传向国外，人们开始观看其他国家的体育赛事，消费外国的体育产品。体育产业与一般企业一样，已经意识到他们必须通过创造“在世界各个角落具有相同吸引力并产生相同需求的产品”来扩大边界，以便在全球市场上销售他们的产品。考虑到不同国家的文化、法律、语言、习俗、传统等不同，一方面，企业试图利用体育主题和体育产品进入国际市场；另一方面，职业体育联盟试图在海外传播并扩大其联赛和相关产品的知名度。例如，许多职业体育联盟，尤其是北美的职业体育联盟，通过扩大电视转播和许可范围，以及开发新联盟，将其特定运动引入新的地理区域来寻求全球市场。最典型的例子是美国职业橄榄球大联盟，尽管遭受了经济损失，但它将职业橄榄球产品引入欧洲并扩大了电视影响力。通过这种方式，职业体育联盟在许多不同的市场中寻找新的机会。

（三）体育与经济：商业发展

亲自参与或观赏运动，可以从中受到体育道德、体育精神的熏陶和激励，可以消除工作、学习带来的紧张和疲劳，起到调节生活、增添乐趣、振奋精神的作用。尽管过去的体育娱乐活动通常是休闲和放松的，但今天的体育运动通常是作为一项业务来组织、营销和管理的。商业利益影响着体育界的很多决定。体育运动根据电视观众份额、门票销售额、网站点击量、特许销售权、赞助商收入和媒体报道等进行评级。输赢仍然重要，因为它会影响这些衡量标准。

随着体育运动的商业化，企业模式逐渐进入每个体育实体和管理机构的组织中。运动员为更大实体的利益提供服务。教练逐渐成为运动员的监督者。表现出良好职业道德、模范道德品格和愿意为运动队利益而牺牲的运动员受到钦佩并被奉为榜样，至于那些偏离这条道路的队员，则可能会被限制上场或被踢出运动队。

影响商业体育繁荣的因素主要有：(1) 人们需要时间来训练。随着人们成为更大组织的一部分而不是个体经营者，他们可以花更多的时间远离工作，从而进行体育运动。(2) 人们需要在运动上花钱。一个经济良好的社会，人们有能力进行体育运动。(3) 随着人们的居住地越来越集中，体育设施也越来越接近，人们可以在离家比较近的场地进行体育锻炼或观看体育赛事。(4) 报纸、电视、互联网和广播等媒体为体育组织和运动员提供了宣传渠道，这有助于职业体育和休闲体育的可持续发展。(5) 各个地方都建设有体育设施和场馆，从而为公众提供更多便利，并间接提供稳定的体育收入来源。

体育运动给国家带来的动力、它所需要的参与因素及伙伴关系，都在一定程度上有助于社会经济繁荣。任何体育赛事的组织，都直接或间接地涉及社会中的合作伙伴，从而推动经济向前发展。体育赛事大多涉及以下商业内容：酒店、汽车、食品、饮料、航班、服装、运动设备和产品、广告、印刷品等。不光是规模以上企业，很多中小微企业都参与了体育活动的组织。从广告公司、印刷公司、食品和饮料供应商、视听专业人士、体育用品供应商等，一直到所涉及的清洁人员，体育和体育赛事都在为国家的社会经济发展做出贡献。

约翰·贝尔等致力于对商业体育的繁荣进行地理学归因，最常讨论的要素便是气候和地理位置。例如，他认为，多数富裕国家处于温带，而多数热带国家处于贫困状态；热带地区的特点是气温高、热期长、日照强，农业发展潜力受到严重限制。

随着全球变暖，以往常被忽视的问题，如气候变化对体育和娱乐的影响等，逐渐引起人们的重视。虽然当前气候变化不像极端天气那样危及生命，但其对体育运动的影响正变得越来越普遍。运动员对此有着独特的了解。当运动员将自己的身体调动到极限时就可能获胜，但这时他们更容易受到不断变化的环境的影响，如滑雪(包括越野)、冲浪、狩猎等。

1. 冬季运动项目

冬季运动项目每年为美国创造巨大的经济效益，职业冬季运动员和滑雪行业专业人士之间的互动越来越频繁。美国国家滑雪场协会曾发起气候挑战计划，致力于帮助滑雪场减少温室气体排放并提高能源效率。2017年，75名滑雪和单板滑雪奥运奖牌获得者致信奥巴马，督促他在减缓气候变化和推广清洁能源方面采取更有力的行动。

气候变暖反过来会影响冬季运动的成本。俄罗斯在索契冬奥会上花费超过500亿美元，使其成为有史以来最昂贵的奥运会，其中有一部分成本主要用于制造和保存数十万立方米的人造雪。在美国，滑雪胜地通常将其年度能源预算的50%或更多用于造雪。

2016年，阿拉斯加经历了有记录以来最温暖的冬天，以至于阿拉斯加的官员都坐着火车参加该州标志性的艾迪塔罗德狗拉雪橇比赛的开幕式，比赛路线也从11英里缩短到3英里。由于天气温暖且没有积雪，比赛在2015年被迫改变赛道，将起跑线向北移动225英里。这是比赛历史上第二次改变路线，另一次是在2003年，同样是因为积雪不够。

冰球运动的发展也有类似情况。冰球运动如果在户外进行，则有成为濒危运动的风险。1951—2005年加拿大的平均气温上升了15 ℃，有报告称加拿大的室外溜冰场即将消失。在此期间，加拿大许多地区的室外冰球赛季减少了20%。1972—2013年，一个极具象征意义的溜冰场的可玩天数每十年减少5天。

在冬奥会方面，有研究表明，到21世纪中叶，几乎有一半举办过冬奥会的城市气候将会变暖。在索契冬奥会时，当地温度达到16 ℃，给人感觉更像是夏奥会。索契气温高于正常水平，其2月份的平均气温约为10 ℃。恶劣的雪况导致许多奥运会项目延误、运动员受伤，如男子单板滑雪、女子跳台滑雪等。这是自1998年日本长野冬奥会以来冬季奥运会天气变暖的典型实例。项目延误等情况部分是由于奥运会组织者为冬奥会选择了较温暖的城市，但同时也受到气候变化的影响。这表明气候变暖的威胁将继续影响冬奥会。

2. 夏季运动项目

网球：澳大利亚气候研究所曾发布一份关于气候变化对澳大利亚体育运动威胁的报告。一个特别引人注目的例子是澳大利亚网球公开赛组委会修改了2015年的高温政策，在2014年极端高温成为严重威胁健康的问题后，组委会为运动员可以比赛的环境温度设定了上限，以免导致运动员出现幻觉、呕吐和昏厥等。在此次比赛中，有选手在高温中昏倒，有选手抽筋、呕吐，有选手的鞋子融化了，还有选手的水杯也融化了，塞尔维亚选手伊莲娜·扬科维奇在一个没有遮盖的座位上被烫伤了。

2015年美国网球公开赛第一轮比赛，气温超过40 ℃，湿度为40%，导致多名运动员因热应激而退赛。美国网球公开赛是一系列面临异常和危险气候条件的美国体育赛事中的一项。在非常干燥的条件下，人类可以在高达40 ℃温度的户外进行身体活动，但在潮湿条件下，温度限值会降至30 ℃以下，因为此时身体更难通过出汗和蒸发来冷却自己。当湿度太高时，持续暴露在高温下会导致中暑。随着气候变化导致气温升高，热浪更加频繁，可以预期，运动员将面临更多风险。

橄榄球：橄榄球运动员由于其保暖且厚重的衬垫而特别容易受温度影响，这意味着球员不能在一天中最热的时候练习，有时必须在衬垫没有完全填充的情况下练习。一项研究发现，与过去15年相比，1994—2009年，高中橄榄球运动员死于高温的人数增加了约两倍。此外，干旱还使得维护草地变得困难且昂贵。

高尔夫：高尔夫也是一种极易受天气变化影响的运动。2013年，高温和干旱使得英国高尔夫球场的一些果岭几乎无法使用。2016年7月，西弗吉尼亚州的洪水淹没了整个球场，使职业高尔夫球协会的绿蔷薇精英赛被迫取消。为了商业利益，高尔夫球场已经在逐渐适应不断变化的气候。排水系统经过重新设计，可以更有效地甚至循环利用水。草坪草的遗传多样性将使草地更具弹性。

跑步/马拉松：高温会对长跑项目产生特别显著的影响。温度每升高0.3 ℃，马拉松时间通常会延长2分钟。洛杉矶马拉松比赛传统上在3月举行，但后来当气温达到创纪录的32 ℃时，有近200名参赛者需要就医，30多人住院治疗，该赛事于2016年首次改至2月举行，但气温仍高于以往比赛时平均水平1 ℃。2012年波士顿马拉松比赛时气温高达32 ℃，仅比历史最高点低1 ℃，获胜者的成绩比前一年慢了近10分钟。由于受超级风暴桑迪的影响，2012年纽约马拉松比赛被迫取消。

（四）体育与社会：社区发展

1985年，人类学家安东尼·科恩探索了社区的象征性建构，建议人们可以共享社区的符号，但不共享其意义。以这种方式理解，社区的概念有助于表达和象征界限与差异。体育在体育活动的领域或界限之外塑造和创造社区的能力虽然受到怀疑，但当面临极端贫困、危机循环时，体育很可能已经在社会中占据一席之地。发展部门为化解社会紧张局势，为非正式教育提供机会，并在不同的社会群体中创造归属感，这些群体可能以不同的方式渴望获得某种社区归属感或形成理想。体育与创造归属感、团结感和民族感之间的联系通常是密切的。柏拉图说过，为了使人在生活中取得成功，上帝为他提供了两种方式，即教育和体育活动。一个是灵魂，另一个是身体，不是分开，而是两者一起。通过这些手段，人们可以趋于完美。

南非前总统纳尔逊·罗利赫拉赫拉·曼德拉是利用体育实现团结和统一的重要支持者。2000年，他在一场演讲中说：体育具有改变世界的力量，它具有激发灵感的力量。体育有着团聚社会人群的独特功效，是无可替代的。体育用一种年轻人能够明白的语言，和年轻人交流……体育可以在曾经只有绝望的地方创造希望。在打破种族隔阂上，体育比政府的力量更强大。

体育在促进社区发展方面的作用已得到全球认可。2015年，联合国大会通过了包含17项可持续发展目标的《2030年可持续发展议程》，特别承认了体育的重要性。它指出，体育对实现发展与和平的贡献越来越大，因为体育促进容忍和尊重，增强妇女和青年、个人和社区的权能，有助于实现健康、教育和社会包容方面的目标。

罗伯特·帕特南在《独自打保龄球》一书中指出，对于儿童而言，参加体育等课外活动与各种积极成果密切相关，这些积极成果包括更高的平均成绩、更低的辍学率、更低的逃学率、更好的工作习惯、更高的教育愿望、更低的犯罪率、更强的自尊、更强的心理适应力、更少的风险行为、更多的公民参与（如投票和志愿服务），以及更高的未来工资和职业成就。

社区的概念已被嵌入体育促进发展与和平（SDP）哲学的背景、叙述和目标中。SDP通常被称为有意使用运动来实现非运动目标。

联合国已将SDP背景下的“体育”定义为“有助于身体健康、心理健康和社交互动的所有形式的体育活动”。SDP的创始原则将体育视为一种通用语言，把体育定位为寻求实现和平、平等、包容和社会影响的有力工具。2017年，联合国发布的人类可持续发展目标反映了这些原则，并采用体育运动来帮助实现这些全球目标。政治、历史、种族、社会和文化景观常常受到国家脆弱性、冲突和经济不稳定等复杂性的困扰。体育被视为接触那些处于社会生活边缘的人的一种方式。

2004年，联合国体育促进发展与和平办公室（UNOSDP）成立后不久，联合国秘书长科菲·安南再次表达了这些观点。他表示，体育是一种通用语言，它可以最大限度地将人们聚集在一起，而不论他们的出身、背景、宗教信仰或经济地位如何。全球领导人的立场变得明确：体育可以而且应该被用作创造变革与挑战造成分裂和不平等的社会、文化和经济条件的工具。联合国通过成立UNOSDP和国际工作组，将“体育促进发展与和平”制度化。联合国秘书长体育促进发展与和平特别顾问莱姆克表示，体育在联合国改善全世界人民生活的努力中可以发挥关键作用。体育在个人和社区之间架起了桥梁，为发展与和平的种子提供了肥沃的土壤。联合国系统内SDP的这种制度化见证了公共、私人和志愿组织如何应用基于体育的举措来解决国家和全球危机的转变。

与此同时，学界也出现了大量应用和探索体育与社会资本联系的政策论述和学术调查，如社会包容、社区创新、性别平等、赋权、边缘性、政策话语、和平与冲突等。这些探索和政策指令的核心仍然是社区的中心主题。以社区为基础的体育规划，将社区作为实施空间，用于评估当地人口跨社区组织的影响。

约翰·贝尔认为，社区参与和合作是推进群体间关系和提升共同感受的基本途径，这是体育和SDP话语中的首要信念。然而，发展部门在如何根据正统的发展模式建立社区方面存在紧张关系。正如科克伦解释的那样，社区不是专家或大量财政援助的地方，其发展应该被视为一种不寻常的发展形式。由专家主导和执行的计划通常只让当地人最低限度地参与其中，既不符合社区的最佳利益，也不为更广泛的应用提供蓝图。这引发了更深入探索的需要，但风险因素、脆弱性、社会结构、暴力、边缘性等又是在社区背景下必须考虑的。

（五）体育与文化：身份认同

认同是一个相当松散的概念，不同程度地盛行于许多不同的学科中。例如，博斯马等认为，在心理学领域，关于认同一词可能指代的现象几乎没有达成共识。他们指出，认同的不同定义导致了心理学中不同学派的发展，每个学派都有自己的理论和经验传统。社会学中的情况并不完全相同，其中关于认同的相当多理论和方法学发展主要发生在符号互动主义的社会学传统中。根据芝加哥和爱荷华学派，以及魏格特等人的说法，认同的概念在结构功能主义、批判理论、解释社会学和知识社会学的社会学传统中盛行。

认同还衍生出“社会认同”“个人认同”和“自我认同”等概念。社会认同是人们依照社会类别来界定个人定位的倾向。作为一种重要的社会心理机制，社会认同对于个体和社会整体都具有重要的作用。社会认同被视为提供某种社会价值并因此被行为者主张的认同，或者被归咎于或归因于他人以便将它们作为社会对象进行定位的认同。个人认同是个人关于自身属性的认同，本质上是个体赋予“自我”的意义。因此，个人认同将重点放在我们每个人所特有的特定个性上，这些个性是我们社会认同的定义与我们的独特性和特殊性之间适应的结果。自我认同是指一个人能够理智地接受自己、相信自己，这样就能让自己在做事情的时候精力充沛，不会沉浸在抱怨、懊悔和焦虑之中。博斯马等使用一棵树做比喻：尽管它随着季节的变化发生了很大的变化，但它仍然是同一棵树。同理，尽管一个人在出生和死亡之间经历了巨大的变化，但他仍然是同一个人。

社会学对认同有两个明显的关注点：（1）认同形成的过程；（2）认同形成后维持的过程。特别是在现代社会中，个人能够从一系列潜在的自我定义和个人意义中进行选择，然后在与他人的互动中努力发展这些认同。有人认为，现代社会提供了更多的社会和个人认同模型，并提供了更多从这些模型中进行选择的自由。认同管理要求个人以适合他或她声称的认同的方式行事，个人必须获得对所执行认同的确认，尤其来自适当的重要他人的反应。

体育学领域的诸多文献都关注体育在认同形成过程中发挥的作用，特别是在特定认同的形成过程中，以及个人努力维持这种认同的过程中发挥的作用。主要焦点包括：（1）运动员认同；（2）形成对特定运动项目的认同；（3）形成更普遍的认同，如性别认同、种族认同、民族认同等。学者们还研究了成功获得认同对个人未来寻找替代认同和职业道路选择的影响。

首先，运动员认同在许多社会环境和国家中具有相当的显著性。尽管与这种认同相关的具体特征因运动背景和国家而异，但这种认同显然受到重视，并且可以为能够成功获得它的个人提供许多社会利益——无论是在小学、中学还是在大学，成为职业俱乐部或国家队的成员。此类认同取决于运动员个人能否令人满意或真实地呈现认同的主要特征，以及由非运动员提供的认同声明。

其次，个人通过参与或观看体育运动来形成和维持更广泛的社会认同，这也一直是体育学研究的一个焦点。体育被认为在这种认同过程中特别有效，因为它们非常受欢迎，可以使参与者和观众产生热情，呈现不同的认同潜力。例如，布格斯等探索了多种创造和强化性别认同的方式，如通过参与足球、橄榄球和冰球运动来创造和维持挑战传统意义的性别认同。同样，学者们研究了体育在各种种族和族裔认同建构中的作用，如棒球和拉丁裔认同，篮球、足球、田径和非裔美国人认同。从爱尔兰和苏格兰到以色列、利比里亚和巴西，社会学家在世界范围内调查了足球运动在各种国家认同的建构和强化中的作用。

最后，一些体育地理学文献研究了成功主张和维持体育认同对个人未来寻找替代认同和职业道路选择的影响。这些文献着眼于研究这种体育认同的方式，一方面鼓励深化个人对体育参与的承诺和“嵌入”，另一方面也可能限制个人当下和未来的生活选择。被赋予这种理想认同的最初影响通常是非常积极的，因为这些人受到了相当多的关注和赞扬，并且受到了他们的直接社会群体的高度尊重。这些影响有助于提高这些人对这些认同和体育活动的承诺，增加他们投入的时间、精力和资源，同时也降低了追求替代认同和其他类型职业的感知价值。

民族国家大都利用体育来统一其境内的不同文化和社区，并且将体育转变为政治舞台。例如，在一项对印度摔跤手的研究中，约瑟夫·奥尔特展示了摔跤是如何传播一种意识形态的，一方面通过对身体的解释批评印度种姓制度，另一方面批评现代印度国家所创造的社会条件。有研究显示，个别运动员在比赛中的成功和失败是地区和民族自豪感的社会投射。

矛盾的是，体育还提供了一种通过基于特定运动的实践重新划分边界的方式。阿兰·科雷恩对职业棒球队的民族志研究不仅证明了这种狭隘行为的可能性，而且还证明了其局限性。同样，2007年亚洲杯足球赛伊拉克国家队的胜利让球迷们走上街头庆祝，但这一庆祝活动后来又被暴力破坏了。

（六）体育与媒介：地理想象

地理想象不仅仅是一个地理问题，更是一个哲学命题。约翰·贝尔在*Sites of Sport: Space, Place, Experience*一书中将地理想象作为重要论点。

根据地理学上的定义，地理想象有地理幻想（Geographical Imaginary）与地理想象（Geographical Imagination）的区别。前者被认为是理所当然的世界空间秩序，而人文地理学领域则基本上认为其是无意识而草率的建构，且经常涉及一系列集体性客体或集体性主体。地理幻想涉及边界与秩序，不仅是世界的再现与建构，更紧密牵涉物质与感官世界的形成过程。有人指出，揭开这些被认为理所当然的地理幻想并调查其影响，是人文地理学的关键任务，由此可见地理幻想的重要性。后者则指向“地方与空间”“地景与自然”重要性的敏感度，即每个人都能够拥有的地理想象与思考。普林斯认为，它是人类持续不断的直觉与本能，是通过地理描述的艺术来保存地景的亲身体验。

总的来说，地理想象是一种思考世界、考虑地方的相对重要性以及“我们”地方与“其他”地方之间关系的方式。该术语包含多种含义。人们如何看待世界，受到许多因素的影响，包括社会阶层、教育、政治、哲学等。人们生活的特定时刻也在他们如何看待周围世界方面发挥着重要作用。

大卫·哈维于1973年出版的《社会正义与城市》一书中提到了“空间意识”或“地理想象”相当分散的特征：使个人能够认识到空

间和地方在其自身的发展演变中的作用，与他所看到的周围空间相关联，并认识到个人之间和组织之间的交易如何受到分隔他们的空间的影响。它使个人能够认识到他与他的邻居、他的领土（或他的“地盘”）之间存在的关系。它使个人能够判断其他地方事件的相关性。它也使个人能够创造性地塑造和使用空间，并欣赏他人创造的空间的意义。这种“空间意识”或“地理想象”在许多学科中都有体现。建筑师、艺术家、设计师、城市规划师、人类学家、历史学家、社会学家、政治学家、心理学家、生态学家、经济学家、地理学家和哲学家都对它感兴趣。

约翰·贝尔的研究带我们进入体育世界的地理想象，使体育地理更接近人文研究领域。贝尔提到，某些运动与特定场所的心理联系很密切，如提到得克萨斯就会想到足球，谈论南威尔士就唤起了橄榄球的形象，再如苏格兰和高尔夫、加拿大和冰球等。尽管我们熟悉这种体育地区的刻板印象，但我们忽略了它实际上是一种“心理地图”。体育场所图像通过各种媒体进行传播，包括新闻、电视、广播、小说甚至诗歌等。因为人们通常不能亲自到所有进行体育运动的地方，所以人们依赖这些次要来源的运动图像，形成自己对世界许多地方的特征印象。但与此同时，偏见也会频繁出现，因为某些地方会获得比其他地方更多的关于某些运动的报道。体育评论员在广播和电视上经常将某些地方与某些体育属性联系起来，将整个地区标记为同质实体的基本特征。

体育报道需要确定参考观众。正如加里·沃内尔所说，电视不仅将运动传递给我们，它还呈现了一种特殊的运动观。成功的俱乐部通常会获得更多的媒体报道，并因此获得有助于发展的广告机会，也提升了与地方的联系。经常赢得冠军的球队更容易在人们心中建立体育与地方之间的心理联系。即使是关于体育的小说、诗歌、漫画，也带有地域内涵。例如，大卫·斯托里《体育生活》中的故事就发生在英格兰北部，橄榄球联赛集中在那个地区。换句话说，各种媒介向公众展示体育运动场所形象，并将其视为本土运动地区。

全球化迫使我们认真思考社会的空间性。关于空间性有两个例子：一是在一个被视为系统的世界中，“社会过程的扁平化”与主导社会实践的全球传播相关；二是呼应吉登斯和赫尔德，“世界是一个舞台，国家决定的行动者在这里相遇、互动和相互影响”，体育放大了这种地理想象。

第三节　交叉学科的学术贡献

体育是一个复杂的社会文化现象，关于体育与环境、体育与空间关系的研究涉及的因素也十分复杂，因此，体育地理学命题往往来自一些具有亲和性的学科。社会学、经济学、人类学与体育地理学之间隐含某种亲和性，这种亲和性主要表现为它们都致力于探讨体育活动中人与环境的关系，同时，它们又有各自独特的学科视角和具体的研究目的，在社会关系、空间资源的稀缺性和人地关系等问题上能够形成认识互补。探寻社会学、经济学、人类学与体育地理学存在的亲和性，有助于体育地理学界开阔研究视野，充实研究方法。

一、社会学

地理学是研究地理特征的学科，它着眼于人类活动与这些特征和环境的相互影响，如人口和资源的分布、政治和经济活动等。社会学研究人类及其在周围世界中的互动和行为，为地理学提供了非常重要的思想来源。约翰·贝尔在他的研究中引用了很多社会学家的观点，尤其是诺贝特·埃利亚斯，他是德国社会学家，在英国写下了他的重要作品《文明的进程》。

埃利亚斯提出的文明概念至关重要。文明意味着礼貌、宽容和自信。因此，在埃利亚斯看来，公民社会的主要特征是尊重个人自主权，这种自主权建立在安全和信任的基础上。文明化过程是个体化的过程，其中外部控制是次要的，相反，个人的自我监控和自我控制非常重要。文明进程的驱动力是力量垄断的形成和主要社会机构的日益稳定，促进了作为特定类型安全的和平场所的实现。与个人生活在不安全环境中的前现代社会相比，现代社会创造了平静的地方，个人不再暴露于极端情况之下。此外，日益复杂的人际关系对文明进程产生了积极影响。

1979年，埃利亚斯在比勒费尔德大学做了关于拳击发展的讲座。他的大部分作品中都重现了一个共同的主题——不同群体之间的社会距离。在英国，阶级之间的社会距离虽然随时间而变化，但总体上比法国普遍要小，政治结构不那么集中，英国君主无法控制全国所有的贵族。因此，阶级之间可以进行更大程度的互动。这些社会条件使英格兰的民间游戏能够在其他欧洲国家之间转变为正式的体育运动。埃利亚斯认为，法国阶级之间的距离阻碍了将格斗风格纳入正式的运动。拳击在法国发展成为一项运动之前，英国拳击在全球范围内被越来越多地传播。拳击在18世纪和19世纪的英格兰形成时期得以幸存下来，主要因为贵族们从练习中获得了乐趣（主要作为赞助人和观众），而且与法国相比，更多农村地区的英国贵族受国家官员的约束更少。

在英格兰，地位不安全感不那么明显，所以乡下贵族和绅士们都认为可以偶尔与“下层阶级”混在一起并参与他们的消遣活动，即使只是作为赞助人和观众，这促进了拳击的发展。在法国，法式拳击被称为“savate”，作为被上层阶级蔑视的下层阶级的追求而萎靡不振。埃利亚斯还在《体育作为社会学问题的起源》一文第一部分中讨论了古代拳击。

总而言之，埃利亚斯关于拳击的讨论可以看作他早期关于体育进程研究的延续。对埃利亚斯而言，文明进程并不意味着“向下文化传播的简单过程”，而是根据社会群体之间的权力关系的复杂运作。在埃利亚斯看来，皇家机制并不是以某种确定的方式运作的，每个社会紧张局势的平衡总是通过大量群体和阶级的合作与碰撞在差异化的人类网络中产生。拳击运动化的复杂过程包括对其存在性的反对。同样，希尔德认为拳击作为一项运动从未完全摆脱暴力的耻辱，因此与其他运动大不相同。缺乏有效监管以及拳击监管机构和流程的分散，特别是在职业拳击方面，引发了人们对其运动化程度的质疑，以及它能否在不给良心带来痛苦的情况下使人兴奋。但我们应该明白，反对拳击本身可以被视为更文明的标志。

受环境决定论影响，早期的观点视地理环境为一种客观存在，为体育发展提供不变的物质方面的历史条件，随后，学术界深刻认识到文化传统要素的重要性，加强了对地理与历史之间关系的论述，其中足球运动被更多地作为考察对象。拉塞尔提到，在职业足球历史的大部分时间里，“粗暴”和“受人尊敬”在协会足球场内共存，工人阶级从这项运动中获得了“情感、社会和审美”，但有些人可能会争辩说，是资产阶级而不是“人民”享有其最独特的特性、力量和控制力。

14世纪以来，关于适当礼仪的争论就围绕着“人民游戏”展开，当时很多政府试图取缔民间游戏纲要，但未能成功。按照今天的标准，英国的“民间足球”就处于无政府状态。罗素指出，19世纪70年代是协会足球整体氛围开始发生变化的时期，英格兰的“半熟练工人”已经被这项运动的巨大魅力所吸引。在成功推行“星期六半假期”运动的帮助下，工人阶级实际工资得以增加。随着足球开始发展成为一项职业运动，其观众构成变成“密集的工人阶级”，以至于足球比赛成为“产业工人阶级的运动”。

帕里和马尔科姆发现了类似的主题。他们追溯了英国足球在海瑟尔惨案（1985年）和希尔斯堡惨案（1989年）之后所经历的经济转型。随着要求更安全、更好设施的呼声越来越高，一个新兴的“商业”阶层抓住了他们的机会，控制了这一运动，并将其置于资产阶级化的过程中。足球的新愿景是支持者变得更像消费者，这意味着那些更有能力付费的人会享受到更好的设施。

另外，曼瓦林和克拉克认为，足球迷可以在传播（全球化）“失控世界”方面发挥重要作用。用吉登斯的社会学术语来说，“现代性将我们每个人都定位为个体”。然而，通过将自己依附于与足球俱乐部相关的地方，个人可以为他们的城市中心注入集体感和安全感。相应地，经常参加足球比赛可以让个人了解他是谁和他在世界上的位置，也就是说，足球可以为他提供一定程度的“本体安全”。约翰·贝尔的著作《体育地理学》更广泛地讨论了英国足球的现代化对这种稳定感带来的威胁。

二、经济学

经济学和地理学都认可体育活动的环境限制，即空间资源的稀缺性，有关体育问题的经济学分析成果，从目标追求、个人效用、环境影响等方面提出并验证假设，诸多成果借用了地理学的理论和方法探讨体育问题。

1982年，经济学者沃尔特斯派勒的文章是体育地理研究新方向的开端，他所提倡的人口规模与经济表现之间的关系，以及以消费者为导向的职业体育的水平，可能是空间研究的重要课题。除了法国的沃尔特斯派勒和罗芙奥之外，康奈尔、沃克、韦伦与史努克也发表了对英国足球和美国球队的类似研究成果（篮球、棒球、美式足球和冰球）。荷兰学者沃尔克斯和范丹姆、澳大利亚学者瑞莫和约翰逊也有在经济学方面对体育地理问题的学术贡献。在大多数情况下，经济学家主要关注有关球队水平、上座率、当地人口规模、距离体育场的时间距离、经济门槛、城市等级和人口社会经济特征之间关系的相关研究。

经济学家研究的另一个主题是体育赛事或体育场馆对特定区域的影响。大多数关于该主题的体育类文章都描述了外部效应，并将其定义为“Nuisance Fields”。职业体育俱乐部的问题已经被经济学家和空间规划者深入涉猎。1995年，约翰·贝尔与摩恩编写了《体育场与城市》一书，这是不同学科学者合作的典范。梅森、罗宾斯、蒙克里夫、蔡斯、希利的文章对这一主题也有研究。在荷兰，经济地理学和空间规划之间的密切关系促使产生了一些关于体育场馆空间导向的文章。范·达姆、洛森斯等发表了关于城市营销和足球场与当地社区干扰之间关系的文章。根据范·达姆的研究，足球场的搬迁和现代化使居住在其附近的人口与体育场之间产生了积极关系。

很多方法被用于评估大型体育赛事的经济影响，如输入-输出（I-O）建模、可计算一般均衡（CGE）建模和计量经济学建模。尽管I-O建模是事件影响分析中最常用的方法，但由于所使用假设的局限性，它已经逐渐失去了主流地位。CGE建模做出了更现实的假设，故其被认为是一种比I-O建模更适合用来评估事件经济影响的方法。与CGE建模相比，计量经济学建模不那么复杂，需要的数据也更少，但未能捕捉到一个经济体中不同行业的相互关系。CGE建模作为评估举办重大活动的经济影响的有力手段而逐渐流行。

为数不多的探索公共支出与闲暇时间体育活动之间联系的研究，

大多以经济数据为基础。例如，汉弗莱斯和鲁塞斯基根据行为风险因素监测系统提供的数据研究了美国50个州的公共支出与体育参与之间的联系，他们发现人们的户外活动与公园和娱乐的公共开支呈正相关关系。同样，达迈尔等发现16个州的体育设施和游泳池的公共支出与德国的定期体育参与之间存在正相关关系。相比之下，科科拉卡基斯等没有发现325个地方当局的体育资助与英格兰的体育参与之间存在显著关联。斯特肯莱特等提供了一项针对最低行政级别（即市政当局）的研究，他们将测量的连续性与个人体育参与信息结合使用，研究结果表明，体育设施的支出不会影响进行体育运动的可能性。探索体育设施供应与闲暇时间体育活动之间联系的研究，大多采用了有关特定地区体育设施的可用性（即数量或密度）或邻近性（即物理距离）的衡量标准。一些研究还探讨了闲暇时间体育活动与劳动力市场结果之间的联系。

体育移民是另一个值得体育地理学研究且被经济学领域关注到的课题，其中又以足球方面的研究成果最具代表性。米兰诺维奇研究了世界杯、欧洲冠军联赛和意大利联赛的数据。他发现，随着市场全球化，自1983年以来，参加欧洲冠军联赛的球队的质量稳步上升，意大利北部的富裕俱乐部取代了南部的贫穷俱乐部的竞争地位，国家队在世界杯中表现出的不平等性从20世纪80年代开始有所减弱。分析发现，足球市场变化的关键在于，1995年实施的一项重大且出乎人们意料的政策改革，彻底改变了球员的迁移模式。这项被称为“博斯曼法案”的改革，通过取消在欧盟内更换俱乐部的合同外球员的转会费并禁止将欧盟公民纳入“外国球员”配额，从而大大简化了球员转会的流程。因此，欧洲和非欧洲球员在欧洲俱乐部之间的流动性增加了。弗里克探讨了“博斯曼法案”在移民中的影响及其对国家队的影响。拉多曼分析了“博斯曼法案”对英超联赛新进入者生产力的影响。这些研究不仅通过事实分析量化了“博斯曼法案”对国家队和欧洲联赛的不平等性和效率的影响，而且还通过展示“博斯曼法案”对不同地区新人才产生的影响，对这一领域的研究做出了贡献。

三、人类学

人类学是通过考察过去和现在的文明来研究是什么让我们成为人类的。地理学是研究人与环境之间关系的学科。这两个学科在研究内容和方法上都有很多共同点，包括人类史、当代理解、民族学的定义、方法论、田野调查等。

体育与地理空间有着错综复杂的联系。在宏观层面，大型体育赛事通常与其地理位置相关。从1992年巴塞罗那奥运会到2014年格拉斯哥英联邦运动会，场所的外部形象都成为体育声誉的代名词。在微观层面，足球、板球和橄榄球等许多运动都被称为代表性运动，因为它们代表了地点和历史。正如约翰·贝尔所说，英格兰的大多足球俱乐部都以地名命名，这些体育传统越来越多地被用来吸引人力和资本。尽管如此，学术界很少关注与体育相关的休闲区如何促进居民对城市社区的认同和依恋。本书借鉴了城市研究、环境心理学、休闲研究和体育史的文献，研究了这些空间如何促进人们形成对城市社区的认同和依恋。

旨在培养地方感和对地方依恋感的城市政策举措，表明了培养人与地方之间联系的政治重要性。尽管有这种政治和学术兴趣，但我们还不了解依恋是否与城市社区内某些类型的空间有关以及它们之间如何产生联系。因此，大部分文献都关注人们与住宅空间的联系，而不是与娱乐、零售或就业空间的联系。人类学研究探讨了人们对休闲空间形成依恋的方式，特别是位于城市社区内的非正式和正式的运动空间。这些空间包括街道、公园或开放空间、当地体育中心和主要体育场。它们都是公共休闲空间，任何年龄的男性和女性都可以聚集在一起举行体育活动或观看体育比赛。学者们特别关注两个主要问题：一是人们对城市社区运动空间的依恋程度如何；二是这些依恋是通过什么方式形成的。

“地方依恋”一词经常与“地方身份”和“地方感”等术语互换使用。这些概念的核心目的是希望了解人们与环境之间的关系，尤其是这些关系的情感方面。有学者将“场所依恋”定义为人与场所之间建立起的一种情感纽带。现象学研究将“场所”视为我们本体安全的重要组成部分。地方是人类存在不可分割的一部分。基于这种对地方的存在主义观点，文献既关注地方依恋的存在，也关注人与地方之间形成这些联系的条件。大部分研究都针对特定地点，比如莱维卡认为，自20世纪70年代以来进行的研究中约有四分之三涉及社区层面的依恋。“家”一直是该领域文献的核心。进一步的研究试图确定规模对地方依恋的影响，特别是城市、社区和家庭之间的差异。

相比之下，对社区日常体育活动空间进行的研究很少。在城市重建背景下，社区与这些空间的联系一再受到威胁，通常会带来严重的后果。

更广泛地研究休闲空间是地方依恋文献中的一个新兴主题，其中大部分考虑了特定活动与地方依恋之间的关系，并且主要关注人们如何与自然或城市外空间相关（如通过划独木舟或登山等活动）。从事休闲空间研究的人员专注于“地方”在体育运动中的作用，这主要集中在体育旅游以及如何利用体育对一个地区进行投资并吸引人们的方式上。例如，拉姆肖和金门探索了英国橄榄球联盟体育场特维克纳姆体育场是如何成为球迷的精神家园和旅游胜地的。

还有研究试图探究娱乐、社区和日常实践之间的关系。莱特研究了英格兰北部橄榄球联盟中心地带人们的生活、工作和比赛之间的密切联系。同样，斯通研究发现，足球运动嵌入了人们的日常生活和空间实践中，对一些人来说，这是一种克服日常生活单调乏味的方式；对另一些人来说，它提供了唯一可以安排他们生活的日程。罗布森和阿姆斯特朗研究了成为运动队的支持者与个人和集体身份的创造和强化之间的关系。除了对体育场所和实践的积极情绪反应外，约翰·贝尔在他对体育场在人们日常生活中作用的研究中也识别出消极或冲突的情绪，而亲近并不一定被积极地看待。因此，许多文献都关注休闲体育空间在人们日常生活中的作用。

体育空间提供了一个可以讨论空间的物理因素影响人们对场所依恋发展方式的角度。这与研究许多地方依恋文献的重点相反，后者专注于依恋的社会驱动因素。利文斯顿等在对贫困社区的研究中发现，“几乎没有证据表明人们对物理空间或环境有依恋，只有三名受访者具体提到了他们社区的这些方面”。伍德和加尔比通过对苏格兰和英格兰足球场的研究证明了物理结构对人和地方之间情感纽带的影响。在对希伯尼安足球俱乐部主场的研究中，一位研究参与者说：“那块土地被包裹在我的星期六里，从某种意义上说，它与我星期六的行为方式一致。”研究发现，足球场能激励人心，唤起强烈的视觉和社会记忆。虽然体育场馆在球迷心中留下了一种常规的熟悉感和社会联系，但这些活动发生的物理空间的构造、使用和类型也可以表明场所依恋的社会和物理维度之间的共生关系。

上面提到的体育和社区研究多采用人类学研究范式。此外，对运动空间的研究还主要集中在引人注目的体育场馆上，而不是普遍的空间上，如社区体育中心或城市社区中的非正式运动空间。探索这些空间范围的情感物质性，对于理解体育空间的使用如何激发其对地方的依恋至关重要。

体育地理学需要人类学的“养分”，体育不仅仅是身体活动，更是建立空间、建立记忆的社会文化和心灵之旅。人类学以体育活动中形成的地方依恋、文化认同以及其他人地情感联系为研究重点，为体育地理学提供了民族志范式下的理论反思，从主体关系和人地情感的立场拓展了体育地理学的学术范畴。特别是在共同感兴趣的新兴研究领域方面，如数字体育媒体、体育地理空间测绘和卫星摄影等，二者仍有非常广阔的合作空间。

第四节　体育地理学的基本内涵

体育越来越被视为全球发展的一个组成部分，不再是日常生活之外的普通活动，而是各个地方和空间的核心内容之一。近年来，西方体育学界的研究成果展现了越来越多的理论知识应用。据上述研究成果的梳理可以看出，当前体育地理学研究正试图跟上加速转变的体育生产和消费，这些转变带来了一系列利基体育产品，如从健身俱乐部到体育小镇，从体育旅游到体医融合。在分析不同地区不同类型的体育活动时，地理学家发挥了核心作用。虽然我们不得不承认体育问题难以影响西方主流人文地理学和空间规划，但也要看到这些体育地理学成果还是经常发表在相关的研究期刊上。学者对体育在塑造空间和地方方面作用的广度和深度的洞察力正在逐步加强。体育地理学聚焦于体育资源的提供、使用、质量和输出成果的空间变量现象。

体育地理学作为一门学科是否显示出成熟的迹象？莱珀认为体育地理学是一门体育科学的分支学科；相比之下，古恩将其归类为一个研究领域；也有人提出它处于中间状态，有待进一步发展。也就是说，体育地理学构成了一个研究领域，但目前它似乎还缺乏成为一门学科的理论基础。学者一致认为，体育地理学涉及不同的学科，体育地理学研究具有统一的术语和方法论，但该术语和方法论主要源自参考学科（如地理学、人类学、社会学、经济学等）。这种状况源于这样一个事实，即体育本身是一个过于宽泛的术语，如果从整体意义上理解体育，那么它几乎就是社会的一个横截面。

总的来说，与地理学中的许多其他学术形式一样，体育地理学已经发展成为该学科内一个独特的子领域，体育地理学的成果在体育研究的多学科领域中也获得越来越多的认可。地理学家为体育研究做出了非常重要的贡献，许多体育地理研究的领导者实际上都是受过训练的地理学家。尽管研究体育问题被视为人们的边际活动，但西方体育地理学家的研究还是反映了地理学中各种不断发展的范式。实证主义研究方法在20世纪六七十年代主导了地理学研究，随后是行为主义和人文主义研究方法，20世纪八九十年代出现了一系列应用政治经济学方法的体育地理研究人员。

全球经济的变化和体育发展水平的大幅提升使对体育系统各个组成部分的分析更接近学术主流。在发达国家和发展中国家，体育都日益被视为经济多元化战略的一部分或经济增长和发展的新动力。将体育重新定位为社会科学主流的一个重要范式转变是“文化转向”。可以说，约翰·贝尔的《体育地理学》是当时最重要的研究引领者。随着社会的快速发展，文化转向在20世纪80年代逐渐出现，它对人文科学和社会科学的学术观点产生了重大影响。这增加了体育在地理和社会科学中的重要性。当然，它也有它的干扰因素，最常见的批评是“对体育的分析倾向于内化行业主导的优先事项和观点”。对于许多地理学家来说，体育终究不是一项严肃的学术活动。然而，体育系统的范围在不同的分析前沿指向不同的方向，体育地理学带来的理论成果不容忽视。

《人文地理学词典》第三版（1981年）首次增列了“The Geography of Sport”条目，第四版（2000年）保留了该条目，象征着体育地理学作为地理学的分支学科，根基已经打好，脚步已经站稳。先后两个版本的《人文地理学词典》都强调体育地理研究的主题是“体育活动中变革的空间形态”“体育地景的研究”“对体育组织和体育地景变动的描述”。

在过去几十年里，随着人文地理学（以更主观的哲学为基础）和批判式人文地理学的发展，定性方法论领域需要修订。此外，将地理空间视为社会生活、感知和构建的空间的愿景，使地理学研究必须了解其他个人和社会特征，为此它开始增加新的定性解释。从这个角度来看，地理学对空间意义和用途的把握方式脱离了一套定性技术，它追踪了三种可能的路径：领土利用的观察或行为的空间性，使用相关文件、内容和图像，以及对占据和建造空间的人的话语的研究和分析。

综合欧美国家的体育地理学研究成果看，无论是地理学者还是关注体育空间问题的社会学者、人类学者、经济学者、体育学者，多倾向于将体育视为人类活动的一种空间形式。它主要是由体育参与者（“生产”体育赛事活动的教练员、运动员等，以及观赏体育赛事、参与体育休闲活动的体育生活者）、自然环境和体育场地设施、社会文化和政治环境，以及其中的媒介渠道与沟通方式所组成的系统。更具体地说，其内涵包括体育主体及其活动所在地的空间分布、移动规律、体育资源调查与分类、开发评价以及不当利用的再规划与建议等。涉及以上体育议题角度及内涵的地理知识的呈现，即被视为“体育地理研究”，这也正是本研究的核心关注点。

随着全球体育发展愈加快速、多元，体育地理研究已积累了更丰硕的成果，并对体育领域做出了相当大的贡献。体育地理学是地理学学科发展中的一个重要契机及要素，同时，体育地理学也是一个既庞大又复杂的主题，而它的范畴尚未被理解。体育地理学的发展，应同时符合体育学和地理学这两门学科的发展趋势。根据西方体育地理学研究进展，本书对体育地理学做如下界定：体育地理学是以人地关系为基础，探讨各种体育主体（运动的人）、体育行为（人的运动）和其他体育现象（体育环境和媒介等）的分布、变化和扩散规律，以及由此形成的人类体育活动的空间结构的一个研究领域，乃至一门学科。

第三章

体育地理学的现实应用

第一节　宏观：体育地理学在体育改革与发展中的指导性价值

体育地理学是一门新兴学科，始终坚持为国民经济服务的主方向，充分发挥了体育地理学的应用性特点，主动承担多种不同层次、不同类型的科研任务，完成了大量有较高实用价值的科研报告，对体育事业的发展做出了重要贡献。

一、为体育改革与发展提供资源赋存信息

体育资源是发展体育的物质基础。发展体育首先要查明体育资源的赋存情况，评价其开发利用的前景；只有弄清楚了体育资源条件，才能制定出全面的、合乎客观实际的体育发展规划，确定一个地区的体育发展方针、目标和策略。而体育资源调查与评价是体育地理学的传统研究内容之一，它在清查各地体育资源赋存情况的基础上，对体育资源进行系统的、科学的分类，提供区域体育资源类型、特征、开发现状等相关信息，对其开发利用价值进行合理评价，并探讨其合理的利用途径和潜力，进行实事求是的技术经济论证，从而为确定体育资源的开发导向、开发时序、开发重点，管理措施的制定，体育空间的合理布局，以及体育设施的安排等提供翔实可靠的依据。同时，通过对体育资源的定期调查，可以动态、系统地

获取相关信息，为迅速做出反应提供条件。

二、为体育改革与发展提供区域划分依据

体育空间作为一个地域综合体，不仅包括体育资源，也包含为体育者实现体育目的而设置的各种基础设施。组织建立体育空间，可以最大限度地发挥体育空间的功能，在整体上达到设计最优、控制最优、管理和使用最优，实现体育社会经济和环境综合效益最优化。体育地理学遵循一定的原则和方法，通过实地工作和综合分析，将一个国家或地区划分为若干相对独立而又彼此联系的体育空间，一方面有利于根据区域内的相对一致性，综合发展体育事业；另一方面可以对各体育空间区别对待，因地制宜，扬长避短。体育区划是形成合理的体育地域分工体系、开发体育资源、发展体育事业及制定总体战略规划的科学依据。

三、为体育改革与发展提供动态市场信息

体育地理学通过分析影响体育需求的地理环境因素，确定体育市场的发源地和体育者的空间移动方向，揭示体育者的地域分布和移动规律，并进行体育者市场的预测。这些研究成果是体育产品设计、体育服务设施建设类型和规模确立、体育营销战略和方案制订等的重要依据，也是体育经营者确定或随时调整经营方针的重要依据。

四、为体育改革与发展提供趋利避害方向

体育的发展会给地区的社会、经济、文化发展带来影响，而地区的社会、经济、文化状况又是体育发展的背景，反作用于体育，因此处理好体育开发与地区发展的关系，有利于地区体育的发展。体育地理学通过研究体育活动给地区的社会、经济、环境等带来的积极作用和消极影响，考察体育区域的设置情况，可以为地方政府更合理地制定地方经济等发展战略提供决策参考，提高地方政府对体育的全面认识，协调体育与地区的关系，促进体育健康发展。

第二节　微观：体育地理技术在体育生产与生活实践中的应用

一、地理信息系统（GIS）在大型国际体育赛事中的应用

大型国际体育赛事一般指洲际、世界性的各类综合性运动会或由世界单项体育组织举办的具有相当影响的单项运动会，如亚运会、奥运会、世界杯足球赛等。它们通常具有历史或政治意义，会吸引大量媒体报道且国际参与者众多，因此需要特殊的安全考虑。虽然重大事件通常是一次性的、持续时间有限的事件，但它们往往会对主办城市产生长期的深远影响，其中包括为城市及其居民提供许多经济、社会、文化和政治机会，主办城市经常战略性地利用大型体育赛事增加国际宣传和认可度来影响未来的旅游需求。这些国家和城市期望媒体日益关注赛事，积极创新技术，以推进体育赛事的规划和运营。例如，使用技术平台促进机构间信息共享可以有效提高运营效率，使决策更科学。

近年来，在大型体育赛事策划中获得相当关注度的技术之一是地理信息系统（GIS）。例如，在2010年FIFA世界杯足球赛、2012年伦敦奥运会、2014年格拉斯哥英联邦运动会、2016年里约热内卢奥运会中，GIS主要用于安全和安保规划、交通运输管理、制作宣传地图等。

（一）GIS演进与重大体育赛事管理

地理信息系统是一个空间数据管理系统，主要用于收集、存储、处理、分析和可视化地理数据。分析空间数据可以揭示地理环境中对象的关系、模式、趋势和分布。

现代GIS的创建可以追溯到20世纪70年代，主要用于环境和土地适宜性分析。20世纪90年代初期，GIS可用在个人计算机上，并且通常作为独立应用程序部署。然而，在过去的几十年里，企业GIS系统通过在中央服务器而不是独立计算机上提供GIS功能，使空间数据的管理变得更加容易。GIS发展的重要趋势是与其他系统和基于Web的GIS解决方案集成。基于Web的GIS通过互联网浏览器提供基本的GIS功能，允许用户与地图交互和查询相关属性数据。例如，Cloud-GIS彻底改变了GIS的使用方式，提供了一种交付GIS软件及其功能作为SaaS（软件即服务）解决方案的新方法。在SaaS解决方案中，GIS应用程序和功能可以通过集中托管的基础设施在互联网上按需交付。通过引入Cloud-GIS，空间数据管理和机构间协作的过程变得更加高效。

在重大体育赛事管理中，GIS可以通过定义不同利益相关者的所有相关活动的地理组成部分来提供通用的操作图，这有助于建立更智能的知识库和全面的赛事管理系统。GIS在2012年伦敦奥运会上被广泛使用。该奥运会实施的系统架构是一个先进的集成系统，在一个数据库中包含CAD（计算机辅助设计）和GIS数据。PISA 2015调查了GIS在之前三项主要赛事中的使用情况，包括2010年FIFA世界杯——南非约翰内斯堡、2014年第20届英联邦运动会——苏格兰格拉斯哥和2015年第一届欧洲运动会——阿塞拜疆巴库。在这些赛事中使用GIS提高了效率，改善了沟通，并有助于在规划阶段做出更科学的决策。然而，在上述所有赛事中，GIS主要用于赛事的安全/安保和交通方面。PISA 2015强调需要扩大该技术在运输和安全管理以外的其他领域的应用。它还建议将GIS用于研究主办城市的赛后遗产，特别是在加强灾害管理的机构间合作方面。

（二）案例：2018年黄金海岸英联邦运动会

2018年4月，第21届英联邦运动会（GC2008）于澳大利亚昆士兰州黄金海岸举行。英联邦运动会汇集了来自世界各地的70多个国家和地区的参赛者，因此，在一个城市中举办一场复杂的英联邦运动会是一项艰巨的任务。为此，GC2018成立的GIS工作组博采众长，将GIS用于主办城市的活动规划、运营和遗产收益等各个方面。

大型体育赛事通常不由一个单独的组织管理，因为没有任何实体有能力独立完成。在澳大利亚，大型体育赛事通常由一组国家、州和地方组织管理。因此，举办大型国际体育赛事需要在多个利益相关者之间形成组织间关系。尽管大多数大型活动都采用了协作方法，但实现成功的协作仍然是一项巨大挑战。这是因为大型事件管理不仅需要横向协作（相同规模的机构之间），还需要纵向协作（较大规模与较小规模的机构之间）。结构良好的横向和纵向协作对于增强决策和确定赛事管理活动的优先级至关重要。在有限预算内成功举办活动的努力主要集中在维持GC2018合作机构之间的有效关系上。GC2018合作机构包括澳大利亚政府重大体育赛事委员会、黄金海岸2018年英联邦运动会公司（GOLDOC）、州政府英联邦运动会办公室（OCG）、昆士兰警察局（QPS）、昆士兰消防和紧急服务局（QFES）、交通和主要道路部（DTMR）和黄金海岸市（GC）。每个组织负责GC2018的不同职能，大致如下：

（1）GOLDOC负责GC2018比赛要素的交付，如运营训练和比赛场地，安全可靠地将运动员运送到不同的项目区域。

（2）OCG负有协调责任，确保这个多部门执行网络协同高效地运作。

（3）QPS在公共领域提供更广泛的安全和安保功能。

（4）QFES提供紧急服务。

（5）DTMR负责公共交通和国有道路管理。

（6）GC提供更好的城市运营服务。

黄金海岸市政府通过内部集成的企业GIS系统，广泛利用GIS进行规划、运营和维护。GC2018强调通过与外部利益相关者共享信息来推动在整个城市规划运营和实施基本工程的协作方法。主办城市相信合作伙伴之间的信息共享将通过更加协调的服务和更高的运营效率来促进社区的发展。因此，GC2018是该市与赛事合作伙伴（即QPS、GOLDOC和DTMR）及该市的公用事业提供商之间建立合作伙伴关系和信息共享协议的催化剂。

为此，GC2018成立了GIS技术组，负责空间数据的管理和治理。GIS技术组的任务包括：提供GC2018活动空间图，减少规划活动中的冲突和重叠，改善数据治理并减少重复工作，改善机构间信息共享，提高数据的可见性和使用效率，降低操作风险和不确定性，提高城市服务的效率，了解活动对公共领域的影响，使用GIS作为与公众沟通的工具之一。

对于已经在其组织结构图中嵌入GIS部分的组织（如QPS和DTMR）而言，启用这些功能很容易。然而，各个功能区对集中式GIS方法的重要性存在不同程度的理解，一些功能区理解GIS对于道路事件以及交通和运输管理的重要性，而其他功能区最初没有应用GIS程序的经验，缺乏所有与赛事相关活动的空间数据，这意味着赛事合作伙伴存在一些担忧和风险。特别是对于黄金海岸市而言，无法完全可视化所有赛事活动对公共领域的影响。在要求城市评估与赛事相关活动的公共土地分配请求时，这一点尤其重要。为了在功能区中更好地理解GIS的应用，GOLDOC决定将GIS用于GC2018各个方面的规划，而不仅仅用于交通和运输管理。在获得GOLDOC的支持后，GC2018 GIS技术组的关键任务是建立一个数据治理流程，以确保每个数据集只有一个真实点，并解决具有不同要求的不同实体的困难。为实现这个目标，合作伙伴使用了最广泛的基于云的GIS平台之一——ESRI ArcGIS Online。该技术平台随后由每个组织的技术团队提供支持。技术团队负责在他们的ArcGIS Online组织账户中创建安全组，并将跨项目合作伙伴的授权用户添加到这些安全组中。这使所有用户都可以实时访问同一个数据库并参与更新数据。用于GC2018空间数据管理的主要安全组包括：

（1）GC2018黄金海岸市共享数据组，包含约60个数据集和地图，如城市展示层、影响区、土地分配、土地指定用途、地方道路网络、公共领域改进、安全城市摄像头网络等。

（2）DTMR和GOLDOC共享数据组，包含200多个数据集，如比赛路线网络、场地位置和布局、公共交通路线、交通枢纽、放映区、节庆地点、交通模型、寻路标牌等。

（3）QPS和QFES共享数据组，共享安全和紧急事件管理数据集。

除了安全组之外，黄金海岸市还通过ArcGIS Online开放数据门户向公众提供了104个GIS数据集。包括城市基础设施、城市资产、城市规划层和维护服务在内的公共数据也被赛事合作伙伴和公用事业提供商使用，以方便他们更好地了解整个城市的日常活动以及赛事对城市日常生活的影响。总体而言，GC2018的GIS项目涵盖以下功能领域：交通和交通管理（如比赛路线、场馆接入点、道路封闭信息、公共交通路线)、土地分配（如指定用途区域)、基本工程、行人管理（如进出路线、寻路标牌)、庆典管理（如节日地点)、城市展示（如横幅预订系统、横幅序列规划等)、社区准备（如影响区)、志愿者管理、劳动力分布（如地面人员位置)、紧急服务（如紧急集结区)、安保和安全（如安全区)、运营管理（如事件和运营任务管理以及机构间数据共享）等。

这是用于共享空间数据的基于云的地图系统首次在澳大利亚大型体育赛事管理中的应用，数据交付和利益相关者参与情况在规划阶段得到了显著改善。它还在赛事期间为运动会合作伙伴提供了更好的活动态势感知和操作画面。这改进了机构间的合作方法并确保所有用户都能访问最新的数据。单点方法还确保了以有组织、高效的方式捕获对数据集的改进和升级，并自动提供给所有用户，而无需他们采取特定的搜索操作。

为确保适当的数据治理和标准到位，GIS技术组要求所有空间信息都有一个确定的保管人和AS/NZS ISO 19115.1：2015要求的最低元数据，其中包括数据集用途的摘要、关键字、托管组织、托管联系方式、数据管理员和信息安全分类。信息安全分类被确定为数据治理的关键组成部分之一，以帮助赛事合作伙伴了解他们在共享信息方面的义务。GC2018信息共享原则“一致的政策和标准”，要求提供或接收项目相关信息的项目合作伙伴和其他项目利益相关者遵守与信息分类相关的使用条件。信息分类主要关系到数据的机密性，是能够适当处理信息的关键。如果分类措施没有明确统一定义或没有传达，就会给赛事策划带来处理不当的风险。信息分类提供了以下功能：确保对数字信息及其业务背景达成共识，鉴别和理解任何敏感信息及其使用背景，提供一种通用语言来传达有关处理的期望和义务，通过为每种分类建立通用做法来提高效率。

信息分类是通过风险评估进行的，风险评估考虑了未经授权发布或滥用信息可能导致的后果。鉴于GC2018包括跨司法管辖区的信息共享，昆士兰政府首席信息官（QGCIO）建议为GC2018采用新的昆士兰分类标签，其中包括受保护、敏感和仅供官方使用（FOUO），在将数据发送到某些联邦政府实体时保留使用未分类的能力。为遵守GC2018信息共享原则，数据托管人需要在创建或接收信息后立即进行数据分类，数据保管人还应避免过度分类和对公众访问数据的不必要限制。信息分类还需要围绕解密进行考虑和规划，包括：根据对信息敏感性持续时间的预先评估，确定解密的具体事件或日期；对分类的持续时间设置限制——应该在什么时候对其进行审查以及何时、如何降低赛事审查级别；定期审查所应用的保护标记水平；考虑和重新评估未经授权的披露 / 滥用信息的影响程度；向公众持续主动发布非机密 / FOUO信息。

以前在大型体育赛事中使用GIS主要集中在场馆、运动会交通和安全方面，而在GC2018规划期间，人们更加关注公共领域空间数据集。造成这种情况的原因有很多，如人们需要了解重大活动期间置于公共领域的临时基础设施。这些临时基础设施包括临时帐篷、广播站点、寻路标志、物流仓库等。此外，了解临时基础设施的空间格局如何影响人群流动、站点线路和使用权等非常重要。另一个需要考虑的重要因素是公共领域主要由许多不同的组织管理或运营，这与组委会完全控制的场地形成鲜明对比。

从城市的角度来看，协作式GIS方法的好处也扩展到了GC2018之外，为主办城市带来了持久的遗产。有形遗产主要是“物理结构”，如为当地社区创造了永久性就业机会和娱乐机会的体育场馆。无形遗产包括主办城市的信息、合作伙伴关系和技术发展，它们将改进城市的管理框架和流程，尤其是灾害管理。从早期的预规划阶段开始，黄金海岸市和州政府就要求GC2018空间数据的定义、设计和结构适合体育赛事规划、体育赛事运营和体育赛事成功交付后的用途。黄金海岸市认为，使用协作式GIS方法产生的遗产与经济提升、城市声誉、更健康和更安全的社区以及改进的机构间合作伙伴关系相关。因此，该市的意图是继续使用已建立的协作来促进有效的信息共享。持续有效的信息共享有助于该市举办其他重大体育赛事并改善城市服务，以促进黄金海岸市和昆士兰州的经济繁荣。

在数据创建和维护方面，GIS工作组结合GIS和数据管理软件，提高效率，保证数据的完整性和准确性。例如，该市使用要素操作引擎（FME）使ArcGIS Online开放数据内容与该市资产管理系统（SAP）集成的企业数据库保持同步。城市使用这些系统还将GC2018事件和任务管理系统与GIS平台集成，开发了许多交互式地图和应用程序，为整个组织的授权用户提供自给自足和用户友好的GIS功能。最常用的应用程序是每日运行的活动地图，它概括了整个城市每天开展的所有活动。此应用程序的目的是在一个平台上提供整个城市与赛事相关活动的空间分布图。交互式应用程序提供有关会议、节日、庆祝活动、其他主要活动和道路封闭的详细信息。黄金海岸市选派专职人员接受了系统使用培训，并在活动运营之前举办了多次研讨会。

出于对使用云主机系统和与网络连接相关的潜在风险等的担忧，工作组还制订了业务连续性计划，在城市运营中心分配的个人计算机上部署了具有单机许可的ArcGIS Desktop，并定期使用数据备份脚本将赛事数据从ArcGIS Online复制到本地网络。

（三）经验启示

在复杂的多部门环境中实施GIS应用是一项具有挑战性的任务。

GIS的使用和不同组织之间的信息共享并不是一项广泛的活动，自始至终都面临许多挑战。

（1）数据完整性和准确性。由于不同的组织负责不同的层或数据集，因此可依赖数据的质量是非常重要的。这是因为在构建体育赛事交付的整体空间视图时，每个组织都制定了自己的责任范围，而其他组织则使用它来确保适当的整合并最大限度地减少冲突。因此，数据的完整性和准确性必须符合这一目的。每个信息保管人维护商定的规范非常重要，并且必须遵守这些规范。没有集中式数据库会导致在整个合作伙伴关系中获取数据集的工作非常耗时。

（2）质量控制。虽然该系统的优势在于每一方都对自己的数据部分负责，但同时这也是一个挑战。一些组织认为数据集具有不同的价值并以不同的方式使用，这取决于各方在项目生命周期规划过程中所处的位置。管理此问题的一种方法是设置有关数据集更新准确性和规律性的规范性要求，以确保使用来自其他组织的数据的组织可以完全相信其完整性。这必须得到治理结构的支持，该治理结构是整个体育赛事规划结构的重要组成部分。

（3）用户意识。GIS并非被所有活动专业人士或城市专业人士广泛使用。因此，有时可以将GIS视为发生在规划之外的活动，而不是整合到规划和交付过程中。对于整个合作伙伴的领导来说，支持GIS的价值并确保通过治理结构将其整合到规划过程中非常重要。

（4）不断发展的规划阶段。运动会的规划有一个周期，无论是四年、七年还是更久，其中包含与场馆、社区、运动会路线等核心要素相关的基本信息。随着规划在项目生命周期中持续进行，还添加了其他要素，如道路封闭信息、节日地点等。在某些情况下，这个规划过程存在争议。所有这些组成部分都是由不同的职能领域和组织开发的。这给社区参与团队带来了一些挑战，因为大部分数据都在不断发展，尚未准备好供公众使用。一个解决方案可能是达成一致的时间表，以便在事件发生前的设定里最终确定数据集，从而能够对整个情况进行审查。这是理想状态，但由于受每个组织和职能领域规划与劳动力实施交错性质的影响，这将是具有挑战性的。这种类型的解决方案需要整个合作伙伴的高层支持。

GC2018的GIS应用经验使GIS的作用在全球规模的大型体育赛事中得到认可，其重点是交通和交通管理。然而，在地区性活动或较小的活动中，组织机构并没有完全认识到GIS应用的重要性。很明显，只有当所有利益相关者都积极参与开发协调的GIS操作框架时，才能开发出成功的GIS框架并用于数据共享治理。为确保有效的协作方法实施到位，应在早期阶段（预先规划）建立一个由活动合作伙伴代表组成的GIS工作组。协作方法可以显著减少重复工作和数据生产成本。基于GC2018的经验教训，建议在未来的大型体育赛事中使用以下四个阶段框架来应用GIS技术：

第一阶段：预先规划。这应该是在赛事发生前大约四年的初始阶段，是合作伙伴以协作方式聚集在一起以定义他们使用GIS的方法的阶段。在这个阶段，每个组织都应该定义他们当前的GIS功能和软件的使用，并确定以集成方式工作的限制。此外，还需要定义需求以识别诸如谁是数据保管人等问题，制定共享策略，在信息传输、使用的软件和治理方面定义合作伙伴关系的规则。时间信息（如加入/退出日期、操作日期/时间等）应被视为核心数据的关键属性之一。为获得最大效率，还应考虑将GIS数据库与其他系统，如CAD和非空间数据库（如项目管理工具和数据库）连接起来集成系统架构。如果对企业数据架构有足够的经验，将时间项目管理信息和地理空间数据联系起来，则可以增强可扩展性和赛事交付能力。此外，为了在项目生命周期中优化GIS的使用，系统解决方案需要考虑在支持项目计划交付的各种应用程序之间对齐数据。通常，时间数据、计划安排、财务和空间数据需要单一的数据密钥，可用于集成来自各种数据源的数据架构。这样做之后，GIS成为强大的可视化工具，具有大量上下文数据，这些数据被扩展到赛事交付区域，因此它可以作为执行信息系统（EIS）和决策支持系统（DSS）用于项目报告。

提供教育和培训是活动管理和规划满足新需求的重要组成部分。GIS使用培训应该是预先规划阶段培训计划的一部分。通过实践培训提高用户意识，有助于改善规划和运营阶段GIS的使用，从而使规划更有效。

第二阶段：规划。此阶段涉及数据集的开发和维护。在此阶段，GIS技术组应定期与合作伙伴关系中的关键人员会面，确保数据的完整性和治理的有效性。在规划阶段，若各方都孤立地规划其功能区域，则可能导致运营阶段的差距和冲突，因此应建立信息共享协议，并实时共享数据（如通过网络服务）。

在规划后期，GIS还可用作社区参与的沟通工具。当地社区参与的一项关键活动是了解当地的赛前、赛中和赛后影响。比赛交付通常包括场馆内和场馆外的重要准备活动。这些活动的影响涉及行人移动、当地交通和其他当地活动等。比赛详情包括场地边界和道路封闭等情况，相关解决方案可供公众和当地商业界使用。细节可以展示比赛时间的变化，发布比赛限制情况。这些变化的视觉表现提供了整个周期中对公众日常生活的影响，并使社区能够围绕这些活动进行规划。项目的主要利益相关者通常不愿意向公众提供信息，但是在细节达到100%准确之前限制沟通会导致公共信息直到很晚才可用。此阶段还应包括在活动运营期间使用GIS的计划。

第三阶段：运营。运营阶段提供了使用规划数据集来推动运营交付的机会，并通过与赛事和任务管理系统的集成在赛事期间提供态势感知。它与移动设备、实时技术和众包数据相结合，为在赛事运营中改变GIS的使用提供了重要机会。

第四阶段：遗产。遗产阶段是指将活动运营中获得的软件和关系优势应用到主办城市业务中的阶段。这要求合作伙伴机构继续维持既定的合作，以确保在赛事交付期间取得的进展不会在赛事发生后丢失。各级政府的持续信息共享对于灾害管理行动尤为重要。一般来说，由于城市运营和维护活动的复杂性，使用现有的内部GIS功能与聘请外部GIS供应商相比，对于主办城市来说更有效。然而，在内部能力有限的情况下，使用外部GIS供应商和探索新功能可能是主办城市的关键赛后技术遗产。

综上，在规划和运营阶段全面使用GIS，可以助力奥运会、世界杯和英联邦运动会等大型国际体育赛事的成功举办。以前的活动中已将GIS用于安全和交通规划，2018年黄金海岸英联邦运动会将GIS的应用范围扩大到所有场馆外和公共领域的活动。它还将范围扩大到所有GC2018的主要合作伙伴，以确保公共领域内的所有永久和临时活动都得到映射。这包括土地分配、行人管理、节日活动和劳动力分配等，以及前面提到的其他元素。

基于云的系统的使用和组织信息保管人的识别为GC2018提供了城市规划和运营的实时空间视图。所有运营中心（安全、项目运营、城市运营和交通管理）以及现场手持设备都使用了对这些空间信息的访问功能。

跨活动伙伴关系所有要素的强大信息共享协议代表了活动空间规划的未来。理想情况下，该规划应在四年后开始，以确保可以制定适当的综合规划。这种集成的GIS使用是GC2018成功的关键因素，将在信息共享、治理和GIS系统的优化使用方面提供城市遗产。

二、助力体育和智能社区建设

（一）智能社区与体育城市规划

在信息时代，智能社区是当代社会的重要组成部分，它利用或广泛使用科学技术工具、服务和设备来促进组织优化，提高生活质量，同时分享个人知识、意见和兴趣。加州智能社区研究所指出，智能社区是“政府、企业和居民了解信息技术的潜力，并有意识地决定使用该技术以积极的方式改变其地区的生活和工作的社区方案”。得益于信息通信技术的快速进步，智能社区可以共享地域内不同类型的地理参考信息，揭示城市中人们的日常生活和运动行为。

跟踪人们移动的创新型运动健康应用程序，如 Strava、Runtastic 和 Endomondo，可协助人们将涉及个人运动训练和比赛的数据上传到特定的网络平台。参与其中的众多用户开发了有趣的社区地图，描述由不同节点和网络组成的城市的未知图像，这些地方以高交叉密度为标志。在这些操作系统中留下的所有标志和痕迹使社区地图成为一种战略性知识工具，可用于解释体育生活、社会现象和识别未来趋势，从而为实现体育城市规划愿景提供信息。

地理科学与技术集成提供的信息有助于建立一种新的基于社区的治理模式，尤其协作制图被认为可能是基于社区的参与式规划的战略手段。智能社区计划是社区之间的综合沟通方法，有助于确定共享治理策略。在该模式中，公共当局可以通过特定问卷直接咨询公民，结合社区地图更有效地评估他们的需求和愿望，这是智能社区行为地域代表性的第一个要素。从这个意义上说，管理智能社区提供的地理信息使政策制定者能够制定更具包容性和宜居性城市环境的措施，这与人们更加关注健康和福祉相一致。

近年来，国内很多城市如上海、南京、北京、成都等都在积极参与世界体育名城的竞争，但在欧洲和世界体育名城评选中对独具特色的一些城市发展经验的挖掘还较少。意大利将卡利亚里纳入欧洲体育之城竞争，进行了重要的物质和非物质行动（如城市更新和重建计划，公共活动和自下而上的举措），尤其使用了Strava热图呈现卡利亚里体育活动的集中度。通过使用此类地图并集成到GIS中，人们可以将其与其他相关数据源集成，以了解体育设施和感兴趣区域的地理位置和空间分布。

卡利亚里具有各种级别和专业化节点的复杂系统，与城市公园、广场、林荫大道和长廊网络相连。这是一个有利条件，体育价值观在整个城市传播，体育本身成为共同利益。卡利亚里市政府认识到体育在政治议程中的作用，通过优化材料（体育设施、城市步道和环境路径）、举办活动和政策支持等众多举措，以提高其体育吸引力。

（二）案例：卡利亚里街头运动的物质和非物质改造

卡利亚里市议会推动了一项重要的干预措施，旨在将体育作为实现可持续发展目标的重要推动因素。卡利亚里的政治议程是根据文化意识确定的，体育以各种形式和方式进行，鼓励健康的习惯并传播公民价值观，从而成为居民个人成长的重要活动。此外，当地政府的战略以这座城市的独特环境、地理位置和气候特征为基础，这使其成为每年有300天以上进行不同类型运动和户外活动的有吸引力的地方。

由于这些有利条件，2017年卡利亚里被欧洲体育之都和体育城市协会（ACES Europe）评为欧洲体育之城。卡利亚里提供了丰富而广泛的户外和室内体育设施系统，从城市中心到外围，居民可以进行各种活动，包括体操、足球、排球、篮球以及小众运动。该市政府至今仍是参与地方体育治理的主要公共机构，上述体育设施中约有一半为市政府所有。

人们越来越意识到公共当局在促进健康生活方式和可持续城市规划与治理方面所发挥的关键作用，这促使卡利亚里政府将体育融入城市转型和再生过程。例如：（1）海滨通过沙丘和绿色布局以及新的空间使用方式（步行、跑步和骑自行车），赋予沿海景观新的意义。（2）翻新和重建卡利亚里体育场，该体育场将拥有约30 000个座位。这笔巨额投资为该市提供一个靠近大海的智能体育场馆，并与现有的城市中心系统和不同级别和专业的网络紧密相连。（3）实施大型绿地重建计划，包括体育和休闲活动区、配备齐全的绿地、人行道和自行车道等。（4）实施从港口到城市街区的步行长廊重建项目，将城市与其环境系统连接起来。

在卡利亚里市政府推广的“软策略”中，越来越多的参与者认可体育赛事。例如：大学校园每年都会举行体育比赛、研讨会、游戏等娱乐活动，让大部分大学生参与其中；Asd卡利亚里马拉松俱乐部组织半程马拉松赛（约20千米），让人们参与到运动、健康生活和娱乐中；卡利亚里全国女子赛道活动，鼓励女性参加公开赛（约4千米）和挑战赛（约9千米）。

正是地方行政部门、私人投资者、志愿体育组织以及其他协会和体育俱乐部共同开展了多项行动计划，促使ACES Europe将卡利亚里评为欧洲体育之城。评选的依据是一系列关于大众体育和竞技体育活动的具体指标，以及包容性体育举措和创新提案，同时考虑了它们的媒体和经济影响。根据意大利2018年运动指数，卡利亚里在意大利一百多个省市中排名第3位。

根据由不同类别和子类别组成的调查标准，卡利亚里在“运动表现指数”类别中排名第2位，因为其体育团体、俱乐部和协会的成员人数众多；在“团队运动”类别中排名第1位，尤其在职业足球、篮球、体育俱乐部等子类别中表现出色；在“个人运动”类别中排名第24位，即使该市被证明在游泳、网球、水上运动和其他室内运动中更具吸引力；在“体育与社会”类别中排名第5位，在体育与儿童、体育媒体和女子体育等子类别中表现出色。

总之，从健康到新形式的旅游，在本地和全球之间，与体育相关的物质和非物质行动为卡利亚里市带来了多重好处。

卡利亚里当地社区对个人和非结构化体育活动日益增长的兴趣，要求当地决策者和政策制定者将整个城市配置为理想的体育框架，并制定旨在增强街头体育的政策。它整合了城市的开放空间，沿着历史悠久的滨水区和海滨、海滩、大海、海角、潮湿地带以及具有较高自然和坏境价值的散步地带，延伸到城市的边界。

仔细观察Strava热图，根据露天活动痕迹，一个不同的卡利亚里出现了，它是由一个智能社区以不同方式和不同频率生活的网络组成的。Strava热图允许评估智能社区在空间上标记的轨迹分布，特别是与跑步、骑行和游泳这三种露天运动相关的轨迹（图3-1）。

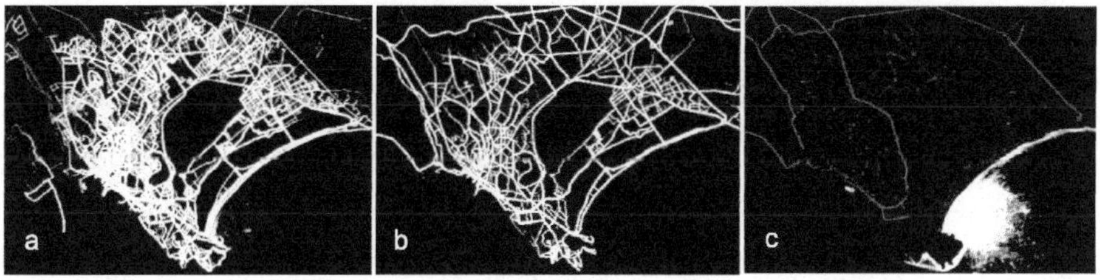

图3-1 卡利亚里市民跑步（a）、骑行（b）、游泳（c）轨迹的Strava热图

卡利亚里的街头运动具有地域性的大都市布局。这种大都市布局赋予体育主题一个战略重要性，特别是对于公园、广场和滨水区的管理，非常适合街头运动的开展。

卡利亚里只是全球智慧城市或体育名城竞争的案例之一，也代表了一个重要的应用趋势。城市和旅游机构试图对情报系统的资源进行大量投资。信息技术是一个城市旅游目的地竞争力的关键因素。此外，人们对智慧旅游城市的概念和生态友好型发展路径相关策略的认识不断提高。特别是面临人们负面情绪的问题城市，可强化智慧旅游城市建设，为市民和游客打造智慧城市空间，全面应对这一挑战。5G互联网站点与互联网的关联将成为一个重要因素，5G技术将对智慧城市、智慧交通系统产生影响。它确定了网络和智慧城市组件的关键维度和属性，将审查各种智慧城市敏捷性指标，以展示其特征以及智慧城市需要由5G网络共享的内容。智慧旅游、资源优化、可持续发展，已经推动了旅游业中技术的创新使用，以提高生活质量。体育旅游可以成为促进世界和平、相互理解和依存的新力量。在世界范围内，体育旅游缩小了发达国家和发展中国家之间的差距，促进了经济社会稳定发展，有助于建立一个新的国际经济秩序。

（三）经验启示

2018年12月7日，意大利撒丁岛省长Francesco Pigliaru在撒丁岛首府卡利亚里市发布了“Digital Cagliari”五年规划，促进了卡利亚里市的两大支柱产业——旅游业和信息与通信技术产业的发展，进而促进了卡利亚里市的经济发展。华为携手意大利科研机构CRS4（撒丁岛高级研发中心）联合开发的智慧城市IOC（智能运营中心）平台，全面应用于“Digital Cagliari”五年规划中。

体育在公民社会中一直发挥着非常重要的作用。自古以来，它就被视为表达政治意识形态和愿望的一种战略手段。事实也证明它有助于实现积极的政治目标。因此，许多国家注重加强体育设施建设，组织体育赛事。如今，体育是实现人们健康和福祉的基本要素，是城市和地区经济发展的触发器，更广泛地说，是追求可持续发展的重要推动因素。《联合国2030年可持续发展议程》明确指出，体育也是可持续发展的重要推动力。体育在促进宽容和尊重方面对实现发展与和平的贡献越来越大。这是一项至关重要的原则，需要将体育融入社会与和平、经济与环境，以及城市治理与规划。

在国际层面达成的旨在加强体育与城市之间联系，强调体育在追求城市和地区可持续发展中的作用的大多数文化原则和方法，已被引入许多国家的政治议程。本研究以意大利的合作项目为“他山之石”，考察意大利政府和意大利国家奥委会的推动政策，如更新周边地区现有体育设施，设立专项基金（Sport and Peripheries 基金），通过能够增加体育活动和在城市环境中传播健康生活方式的物质和非物质行动来应对贫困地区的经济和社会失衡及城市安全问题。

在意大利，除了传统的竞技运动主要是奥运会和职业体育项目，作为休闲和寻求与自然密切联系的体育活动正在兴起。现代城市空间的使用方式对城市治理和规划提出了巨大挑战，因为需要将体育融入综合城市建设和可持续发展战略。更具体地说，城市转型和更新计划、大型活动要求、地方和社区规模等，应该保证空间和体育设施网络能够包容被称为“街头运动”的新现象。此外，还要能激发良好的行为和健康的生活方式，从而产生广泛的归属感、凝聚力和社会包容感。

在这方面，电子技术和数据采集技术的引入有助于决策者了解当地的需求和愿望，从而实施有效的政策。长期以来，公民参与是现代民主政治制度下一项基本的公民权利，有利于提高城市治理和规划质量。在信息与通信技术时代，决策者可以使用广泛的创新工具和应用程序来保存和共享所需的数据，以深入了解当代社会中存在的不同生活方式。智能社区自20世纪90年代发展以来，增加了信息与通信技术的用户数量，有助于了解体育运动体验和行为，以及建立智能、包容和可持续发展的城市。

三、利用地理信息技术研究竞技体育并为体育商业项目服务

由于体育运动具有地理特征和模式，因此地理信息技术可以有效地应用于竞技体育和体育商业项目中。以下是一些可以在GIS环境中解决的体育问题：球队位于哪些城市，为什么？某支球队在整个赛季中必须行驶的总距离是多少？与职业足球联盟球队相比，参加世界杯足球赛的球队所走的距离如何？电台和电视台如何决定转播哪支球队的比赛？如何组织和跟踪自行车、帆船和跑步路线？从球员和球迷的角度来看，比赛场地的最佳方位是什么？球队所有者和业务经理如何根据客户特征针对门票销售组织营销活动？如何在体育赛事中解决车辆停放和安全问题？如何预测体育城市的天气和空气污染情况？

在过去的几年里，体育运动和商业发生了指数级变化。这种变化不是仅关乎输赢，更是体现在统计和地理分析以及相应的未来运动策略的规划上。因此，所谓的体育与科技“联盟”并不新鲜。目前，全球的教练、运动员和运动队都在使用地理空间技术，包括地理信息系统（GIS）、全球定位系统（GPS）和无人机等。

（一）地理信息系统在竞技体育中的应用

地理信息系统正被有效地用于识别运动员的特征、比赛模式和动作等方面。更重要的是，它正被积极应用于体育商业项目中，如

选择体育场位置、提高体育赛事的安全性等。GIS的应用不限于一项运动，它已经被综合应用于足球、橄榄球、游泳等运动中。

例如，体育制图师使用ESRI公司的ArcGIS 10.1来分析2012年伦敦奥运会网球男单决赛中费德勒和穆雷之间的比赛模式，如两位选手的制胜球和动作模式等。这场比赛的统计数据仅告诉观众：穆雷总共取得了18局胜利，而费德勒取得了13局胜利。但统计数据没有告诉我们这些胜利发生在哪里，哪些击球产生了影响，以及是什么导致了制胜分，ArcGIS软件则为所有这些问题提供了答案。利用获胜者的位置、获胜镜头和有效的可视化，ArcGIS软件讲述了一个比赛画面之外更加引人入胜的故事（图3-2）。

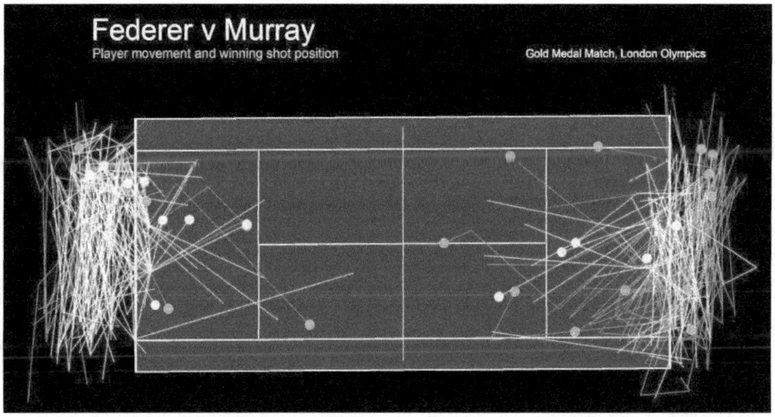

图3-2　费德勒和穆雷在2012年奥运会金牌争夺战中的跑位和制胜分位置

GIS在足球中的应用也比较广泛。足球是一种战术比赛，球员要知道如何在正确的地点和时间移动。这使得足球比赛成为地理信息系统在寻址方面具有实际应用的空间策略游戏。在国内和国际比赛中，比赛分析已成为专业团队提升竞争力的重要方面。

GPS技术已被应用于训练，其中球员的优化位置及其他用途是通过跟踪确定的。此类数据可用于集群或邻近分析，以查看在给定比赛过程中球员彼此之间的距离和接近程度。新的大数据技术还允许球队在整个赛季中监控自己的球员，以确定给定球员对比赛结果的价值。

分析球员有效性的方法还有监控防守球员相对于持球人位置的形态变化。那些在持球时引起最多球员改变位置的人被认为是最有影响力或相对有效的，因为他们引起了更多人的反应。例如，声誉相对较高的球员往往会引起更多的防守反应或防守位置的变化。一些公司，如STATS，可提供统计分析，这些分析数据也包含了比赛期间球员和对手的空间分析。这些公司的核心技术是使用视频或GPS数据监控球员，然后对数据进行分析以获取性能指标，如比赛期间相对于球所在位置或对手所在位置的位置。在赛季期间对球员进行评估，可以评判他们的比赛是否形成了一种模式，并确定球员对俱乐部的价值。随着更多资金投到比赛中，GIS的空间分析功能将继续在评估球队对球员和训练的投资方面发挥重要作用。

（二）全球定位系统在竞技体育中的应用

20世纪70年代，有研究者第一次建议使用GPS评估人类身体活动。2006年，第一次有科技公司尝试验证GPS用于野外运动应用程序，其核心是利用GPS“跟踪”运动员并生成有关运动员在场上活动情况的大量信息。这些信息包括：运动员在比赛过程中运动的总距离和速度；激烈的比赛时期，运动员的疲劳和超负荷情况；按位置、比赛级别和加速/减速级别划分的活动。

例如，英国橄榄球俱乐部“小丑队”（Harlequins）使用了Catapult OptimEye S5 GPS系统。这种可穿戴设备已被多届世界杯冠军巴西队和2017年NBA冠军金州勇士队使用。“小丑队”体育科学家汤姆·巴彻勒强调，由于每秒接收1000多个数据，使精准评估运动员在场上的表现变得容易。此外，对这些数据进行处理并同步到云数据库中，可以将其转换为更加详细的数据库。随着时间的推移，云数据和GPS会跟踪每个球员的高潮、低谷和平均状态，帮助教练制定最佳的比赛策略。

NBA也有这方面应用的经典案例。比赛规则规定，球员不能在比赛中使用可穿戴设备，但这些球队在练习期间可以使用这些可穿戴设备。NBA冠军金州勇士队一直在这样做。球队使用Catapult Sports公司生产的GPS嵌入式压缩球衣，将无线GPS放置在肩胛骨之间，跟踪运动员的每一个动作，监测心率变化以及施加在膝盖和脚踝上的压力。这些信息对教练和球员都很有用，可以避免疲劳、降低受伤率，从而使得团队成员可以在漫长赛季中保持最佳状态。

（三）无人机在竞技体育中的应用

无论是在农业、监控、娱乐、物流、医疗保健还是其他领域，无人机都将变得越来越重要并且将继续存在。无人机市场规模已达百亿元，创造了无数个工作岗位。体育运动也将随着这一趋势发生变化。

无人机将为训练和比赛提供附加值。例如，来自无人机的鸟瞰图为体育领域提供了不同的视角。以往，我们经常会看到教练戴着耳机，忙着与坐在体育场高处的助理教练交流，因为从高处可以更轻松地分析比赛模式、研究策略。相比之下，无人机不仅可以四处飞行，还配备了摄像头，可以记录训练场景或比赛实况。教练团队可以详细研究录像，进而对个人和团队的行为和策略进行调整。在人工智能的帮助下，无人机可能会做出比人类更准确的决策。目前而言，它们可能仅用作一种能够辅助裁判而不是替代裁判的装置。然而，随着人工智能的迅速发展，有可能出现由人类协助的无人机裁判。

赛场上，转播机位大多数是静态的，而无人机能够飞到人们无法到达的地方。美国职业体育联盟还推出了飞行摄像头，可以从上方提供宽阔的视野。有了无人机，我们可能会进入一个全新的时代。无人机能够随着动作飞行，提供一些惊人的角度。

无人机可以在满足体育场或观众需求方面发挥重要作用。例如，观众不必排队购买零食或饮料，而是使用应用程序在座位上订购。片刻之后，无人机会为观众送上订购的产品。结合人工智能，这些需求都可能会早日得到满足。与“陆运”相比，“空运”将是一种更高效的运输方式。无人机是在比赛前或中场休息期间招待观众的完美方式之一。观众可以玩各种各样的互动游戏。在NBA和NFL赛场上已经可见用无人机运送比赛用球，用无人机将礼物或其他东西投放到体育场内的某个地方等。壮观的无人机表演还能突出主队主场氛围。从在户外运动中的应用看，在无人机的帮助下，赛事活动将得到更好的报道。例如，像沃尔沃环球帆船赛这样的比赛，可以通过无人机进行实时跟踪和报道。

此外，无人机对体育场馆和赛事的保护同样重要。多种技术正在开发中（或已经存在），用于人群控制，可以及时阻止意外或攻击行为。组织者可以借助无人机更有效地监控大片区域。如果出现拥堵或其他问题，他们可以立即采取行动。这会让现场观众感到更安全。

最后是无人机带来的衍生运动项目。人类是富有创造力的，人们用无人机创造了一些新运动，如无人机赛车，配备了摄像头的无人机在戴着头戴式显示器的飞行员驾驶下相互竞争。这对互联网时代的年轻一代球迷很有吸引力。韩国人还发明了无人机足球比赛（图3-3）。

图3-3 韩国无人机足球比赛现场

无人机足球很受欢迎，无论是初学者还是观众都很喜欢。它的规则相对简单，比赛时间较短。赢得比赛并不取决于谁拥有更智能的无人机，因为比赛是使用标准无人机模型进行的。尽管简单，但无人机足球仍需要大量的策略和飞行技能，这是一个真正的团队游戏，每个玩家都扮演着重要的角色。

（四）GIS在体育健康促进中的应用

近年来，健康科学似乎发生了“空间转向”，对空间导向研究重新产生了兴趣。GIS是一种非常有用的工具，可以处理地理参照数据，可用于范围广泛的健康研究中。在健康研究中，约翰·斯诺的研究成果激发了人们对空间研究的兴趣，GIS技术也被采用。虽然该技术已在流行病学疾病绘图和预测中得到应用，但大多数研究属于所谓的环境流行病学研究，将健康的空间分布与其他环境和社会因素相关联。GIS的另一个重要用途是规划紧急服务和绘制医疗保健地图。以下列举一些包含了GIS技术支撑的体育健康促进项目。

1. 学校行走指数

积极的学校行走（AST），如步行或骑自行车上下学，是促进体育活动并可能减少学龄儿童肥胖的一种有效方法。不过近几十年来，学龄儿童步行上下学的人数急剧下降。2005年，安全上学路线（SRTS）计划首次获得美国国会的联邦教育资助，已被证明可以有效增加步行或骑自行车上下学的儿童数量。影响AST的关键因素包括与安全性和步行条件相关的建筑环境。另外，还存在与AST相关的不公平性和风险。例如，与来自较富裕家庭的儿童相比，低收入家庭的儿童在参与AST时可能面临更大的受伤风险。许多低收入家庭所在周边社区存在安全隐患和步行条件差等问题，如到学校距离远、人行道不足、交通量大、缺乏可供学生步行或骑自行车的安全场所等。越来越多的证据表明，促进AST的策略需要针对特定人群和环境。解决低收入家庭儿童住所到学校周围的步行问题不仅有助于增加AST和身体活动，还有助于解决健康公平问题。

尽管美国的SRTS和其他相关努力取得了一些效果，但在大多数学校中，AST的学生比例仍然很低。家到学校的距离是AST最重要的环境障碍之一，那些住在离学校较远的儿童不太可能主动走去学校，因此在处理环境与AST关系的实证研究中需要仔细考虑距离阈值，该阈值可能因人群和环境而异。除了家到学校的距离外，建筑环境也可能直接或间接影响学生出行方式。交通和安全问题经常被认为是AST的重要障碍。根据2005年麦克米兰的小学生出行行为概念框架，一方面，某些城市形态，如空地或交通量大，可能会增加父母对犯罪或交通危险的恐惧，进而可能促使父母不允许他们的孩子步行上下学和在户外玩耍。另一方面，城市设计特征，包括遮阴树的存在和优美的沿途风景，会对步行上下学产生积极影响。

基于GIS的可步行性特征已被广泛用于预测个人身体活动。然而，基于GIS的建筑环境测量（如道路连通性、交通暴露度和住宅密度）通常没有考虑直接影响儿童步行行为的特定路线和特定地点的特征。某些街道和微型建筑环境，包括人行道质量和美学特征，已被证明会影响儿童步行和骑自行车上下学的舒适度和安全性。例如，蒂佩里奥等发现光线不足或上学路线上的陡峭道路与儿童步行或骑自行车上下学呈负相关关系。另有研究发现，上下学路上公交车站的存在与儿童出行方式的选择呈负相关关系。克尔等还发现父母的担忧和邻里关系与AST相关。

2. 可移动性指数

巴克等开发了用于丹麦环境的可移动性指数。该指数是针对单个网络缓冲区（2千米）计算得出的，包括四个被认为会影响整体活动水平的社区特征，即街道连通性、住宅密度、日常目的地的密度和缓冲区内娱乐设施面积的份额。例如，对位于丹麦欧登塞市内的两个区域测算可移动性指数，结果如图3–4所示。可见，指数高分和低分之间是有差异的。

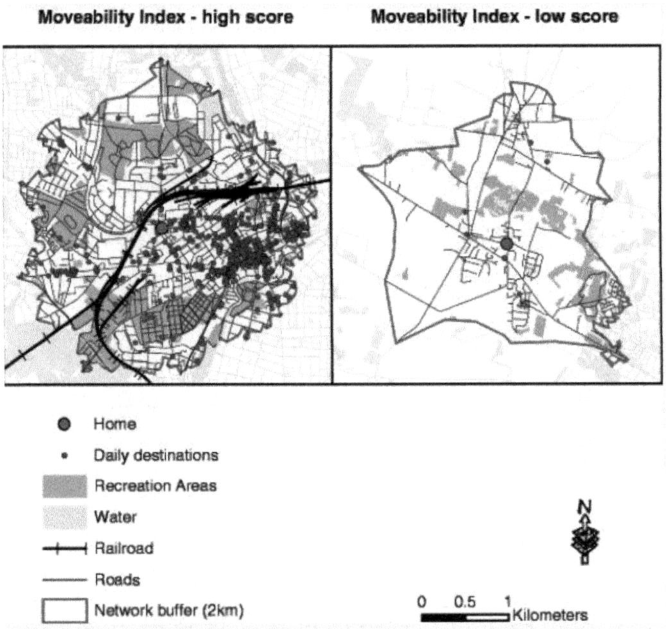

图3-4 可移动性指数及其测量图示

街道连通性是根据每个缓冲区内具有三个或更多连接的交叉路口数量计算的。为了避免两个彼此靠近的三向交叉路口或双轨道路导致的双重交叉路口，在每个交叉路口周围创建了10米的缓冲区并合并重叠缓冲区，使用新的缓冲区质心作为新的交叉点。没有自行车或行人通行的高速公路和铁路被排除在外。

住宅密度是根据每个缓冲区内的住宅数量计算的。对于有多个住宅的建筑物，每个住宅单独计算。

丹麦国家建筑登记册包含建筑物不同用途的代码。使用这些代码时，所有用于零售、体育俱乐部、学校和其他教育机构以及文化设施（图书馆、剧院）的建筑都被计为日常目的地。

缓冲区内的娱乐设施包括游泳池、健身中心、体育俱乐部、体育场、公园、林地和自然区域。

目前，丹麦使用来自欧洲青年心脏研究（EYHS）客观测量的纵向身体活动数据来测试这种可移动性指数作为身体活动预测指标。初步的横断面分析显示了整体身体活动与可移动性指数之间的关联，并根据背景变量进行了调整。丹麦布隆德比市在2011年启动了一项试点研究。该试点研究的目的是将所有受访者地址和数据汇总到“有意义社区”，用于各种形式的市政规划和政策制定。来自规划、教育、体育、卫生和绿地管理五个部门的市政工作人员参与了试点研究，并在识别和划定“有意义社区”的过程中提供反馈意见。“有意义社区”由技术人员根据航拍照片和实地考察勾勒出来。该社区有多种模式，如街道模式（没有高速公路或铁路与社区相交）、住宅模式（住房类型和地块大小的相似性）、非住宅模式（如学校或商业用地）、地貌模式（如林地、湖泊）等，并且社区相对紧凑。技术人员将21个社区的调查结果在地图上可视化，方便规划者轻松、直观地访问社区特定的健康调查数据，作为市政规划和政策制定的信息库。通过测试自变量的邻里同质性，以及邻里差异在健康结果方面的统计显著性，这些结果将为市政规划和政策制定提供信息，并有望为未来制定健康促进运动的战略提供指导。

3. 体育与健康区域开发

GPS数据结合GIS的使用无疑将加强未来的空间分析。除了GPS的作用，还可以期待GIS本身的持续发展。土耳其首都安卡拉设想了三个未来的发展方向，有可能加强和完善体育与健康科学的空间转向。

第一，通过卫星每天一次甚至两次搜集有关地球表面状况的数据，可以将接近实时的环境数据集成到GIS中。集成此类遥感数据为空间分析创造了添加更详细时间维度的机会，如与道路建设、交通拥堵或不同类型天气条件相关的主动交通调查。再如，在关于城市绿地使用情况的调查项目中，可以添加每周植被指数作为变量，以检查生长季节是如何影响人类体育活动的。除了更高质量和更频繁的高分辨率多光谱数字图像之外，卫星还可以配备测量气象资料和不同类型热活动的传感器。理论上，这项技术的进一步发展可为跟踪人类活动开辟道路，而无需使用个人佩戴的设备（如加速度计或GPS）。未来很可能会开发更先进的卫星传感器，生成新型数据，为更详细的分析提供条件。例如，GIS将用于编译数据并作为高级建模的基础。

第二，时间在GIS中的整合不仅使跟踪和模拟人类在日常生活中的进步成为可能，而且为强调地点与时间和人密切相关的流行病学研究开辟了道路。通过累积、下载的GIS数据，可以在队列研究和其他纵向数据集中测试观察期内特定时间和环境因素的影响。为了进行全面的流行病学研究，前瞻性地经常存储GIS数据可以对下一代流行病进行地理编码。回过头来看，这是一个扫描历史地图、编译地理数据并将这些数据与个人登记数据联系起来的问题。自动识别地理项目的新扫描技术减少了这项非常耗时的工作。有了对流行病学数据进行地理编码的机会，就有了更好的科学基础来了解人类体育和健康行为与环境因素的关系。从这个角度来看，GIS具有在体育与健康促进中发挥更重要作用的巨大潜力。

第三，普通人群搜集的GIS数据可以帮助巩固体育与健康科学空间转向的未来发展。这种招募各种有偿或无偿自由职业者来处理特定任务或问题的做法称为众包。在努力获得最详细的GIS数据的过程中，必须承认，利用卫星、传感器、地图等获取数据存在一定局限性。然而，当地专家能够识别、解释和验证由于能见度降低或植被茂密而可能对卫星等不可见的物理对象。将GIS视为“开源”，每个人都可以为促进社区级别的物理对象做出贡献，这对当地人具有经验意义。未来，这种自下而上的范式可以通过遵循GIS的当前趋势来实现，即在现场完成准确的绘图和数据分析。训练有素的当地专家配备了现场地图技术，可以创建一个更符合现代体育与健康促进标准的GIS。

在体育与健康科学领域，GIS在精细空间分析、流行病学研究和其他以物理环境为重要组成部分的研究方面仍有开发潜力。考虑到持续、有条不紊的技术进步，GIS在体育与健康促进中的全部潜力有望在未来几年释放出来。

第三节　小结与启示

“面向宏观，兼顾微观”是当代体育地理学现实应用的基本模式。西方体育地理学的应用领域主要是体育资源与环境的规划与建设，以及体育文化与社会可持续发展的空间支持，其显著特点是致力于解决城市发展、体育公平、商业创新、健康促进等现实紧迫问题，与政府和企业密切合作。除了以体育地理学指导体育发展的趋势和方向，制定体育发展空间战略外，体育地理学在现实应用中最活跃的领域主要是：在大型国际体育赛事中的应用、在体育城市建设中的应用、在体育商业项目中的应用，以及在竞技体育（地理环境对训练效果的影响及其利用）、群众体育（全民健身路径的选择）、学校体育（青少年体质健康情况的分布特点与干预策略）中的应用等。

对我国体育地理学学科来说，要完成其在体育强国建设过程中的时代使命，有必要聚焦如下应用领域：综合分析体育发展面临的地理环境问题及解决问题的国际经验，模拟大型体育赛事等重大体育节事过程中的空间情境与风险，探索体育发展的空间驱动机制以及空间演变的基本规律，为竞技体育、群众体育、学校体育的发展寻找政策依据，辨析体育发展的空间格局和差异模式，指导体育产业集聚区和体育文化区的建设，揭示体育与城市发展的资源环境耦合关系，为智慧体育城市建设和体育旅游目的地建设选择可持续发展之路。

第四章

体育地理学的学科建构

第一节　学科发展现状

随着欧美地区体育地理学在学科知识及实际应用上的蓬勃发展，国内也开始认识到体育地理学这门新兴学科的魅力及重要性。1980年，陈效范等发表《试论体育的地域分布特点》一文；1983年，王家钢等在《必须加强对我国“体育地理”的研究》中，着重论述了地区自然地理因素和气候因素与体育运动发展的密切联系，以及对其产生的重要影响，提出应重视相关研究；1989年，但斌对体育地理学的研究对象、逻辑起点、学科属性及与其他学科的关系等进行了研究。自此之后，国内体育地理学研究领域的发展正式开启。

回顾国内体育地理学发展的历史脉络及过程，是否出现所谓新兴学科在领域发展上的阵痛期？学术研究和理论建构与实务应用的关联性如何？这些一直是体育地理学在作为一个学科领域发展过程中备受关注的议题。1997年，阿伯内西、基珀斯等指出，学科研究的目的在于建立其知识体系，作为理论与实务的基础。过去，国内虽有探讨体育地理学发展情况的研究，但较难一窥国内体育地理学研究的整体发展状况。为此，重新检视国内体育地理学研究领域的发展与成长，并在研究现状及挑战中找寻其发展趋势，有其必要性。

为分析国内体育地理学的研究现状与趋势，本书将1980—2020年的国内相关期刊论文、博士论文、专著与教材等作为研究对象与范围。国内研究者也可能在国外期刊或书籍中发表体育地理学研究成果，然而因范围广泛，难以搜集资料，因此本书未将其纳入研究范围。研究样本搜集过程中，以“体育”+“地理学”为主题范畴，以1980—2020年为时间范围，共搜集期刊论文480篇、博士论文19篇。本书采用文献分析法，对体育地理学领域研究主题进行分类，并采用内容分析法，对所搜集的资料进行系统整理与归纳，以探讨并分析国内体育地理学的发展现状与趋势。

资料编码完成后，交由南京师范大学体育人文社会学、人文地理学专业的五位研究生，随机抽取十分之一期刊论文进行观察者信度检验，测得信度值为0.91，显示编码员内部一致性佳。在效度检验方面，本书采用专家效度检验，委请三位体育学领域的专家进行编码表效度的审视与修订。

一、期刊论文分析

（一）研究成果数量与阶段分析

在期刊论文方面，此期间共发表480篇论文，其中，2005年之前体育地理学研究的学术论文产量并不高，然而自2005年开始研究成果数量出现攀升，特别是2013年后，研究成果数量的增长势头更加明显（图4-1）。

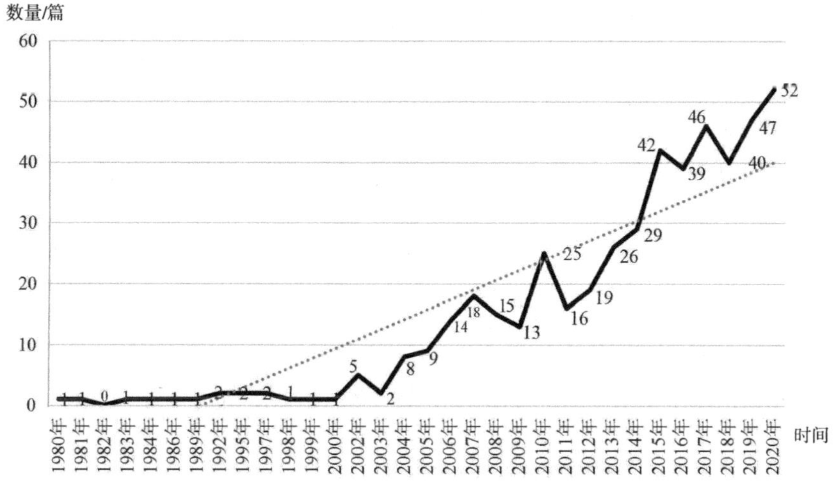

图4-1　1980—2020年发表的体育地理学主题期刊论文数量统计

注：数据来源于中国知网。

1.起步阶段（1980—2004年）：有体育地理学之名，无地理学之法

这一阶段研究内容以竞技体育为主，除体育地理学学科理论与体系研究3篇（如《必须加强对我国“体育地理”的研究》《体育地理学探析》等），体育文化相关研究2篇（《地理环境与体育文化》《从弓与弩看地理环境与体育文化之关系》）外，以地区地形和气候特点结合运动训练、运动员选材、运动项目布点论述、研究的相关文章占绝大多数。

该阶段相关研究学者除田至美外，都是体育学科的专家，他们对地理学领域了解甚少，导致众研究虽挂“体育地理学”之名，却并未运用地理学研究手段与方法。如《论现代体育运动人才的地理分布》，采用文献分析法，对体育人才的地理分布进行了论述。运用文献资料对所研究地区的人文进行描述，并结合体育学相关知识及研究方法加以论证是当时的主流研究手段。

2000年以后，研究内容开始涉及体育场馆的布局与建设，如《我国城市体育场馆建设趋势及发展方向的研究》；少数民族体育、中国传统体育与地理环境关系研究，如《论地理环境对云南少数民族传统体育的影响》。值得一提的是，地理学研究中出现了环境学的研究。此外，体育文化与地理学结合的相关研究逐渐引起学界重视，如《体育文化的地理学解析》《亚洲体育文化的地理分布、特质与价值》，但此时期地理环境与体育运动方向的文章数量仍居首位，该方向依旧为学界研究的主要方向。

2. 稳步发展阶段（2005—2012年）：正体育地理学之名，寻地理学之法

2005—2007年，史兵发表3篇此类文章：2005年发表《体育地理学理论研究》，立足已有研究深入阐述了体育地理学的研究对象、学科性质、与相关学科的关系等；次年发表《关于体育地理学研究内容的讨论》，认为体育地理学的研究包括体育景观研究，区域体育分异与整合研究，体育的形成、演变、发展与空间传播研究，体育与环境问题研究，体育运动场所的空间布局，体育地理信息系统等内容；然后又于2007年发表《体育地理学理论体系构建研究》，参考并借鉴国外体育地理学相关研究内容，构建中国体育地理学的理论体系雏形。以上研究成果对后续的研究起着重要的指导作用。

2003年，何凯较早地使用了GIS进行体育地理问题的探讨，发表了《GIS在体育场馆制票、售票系统中的应用》，将GIS技术运用于体育研究相关领域中。此后，这类研究逐渐增多。如前所述，体育的整体背景与地理有关，因为它受周围环境的地理特征的影响。体育相关问题与其周围地理环境之间的关系基本上是通过引入体育主

体、体育活动的空间特征来研究的，如体育场馆分布等。尽管体育地理数据的搜集与描述可能相对简单，但解释空间参考数据有时可能具有挑战性。为此，在体育地理问题研究中利用GIS技术的潜力为现有的体育地理学研究做出了贡献。

3.快速发展阶段（2013—2020年）：有地理学之法，不限于体育地理学之名

2012年伦敦奥运会后，中国体育改革与发展逐步弱化唯金牌论的思路，“全民健身国家战略”“体育强国建设”“体育治理体系和治理能力现代化”“体育产业高质量发展”等成为新的重要议题。体育学科的研究者进行了大量的交叉学科研究、应用学科研究，“体育文化传播”“体育资源配置优化”“体育全球化下的中国体育”“体育景观”等人地关系视角下的主题开始增多。如果说起步阶段的体育地理学研究是“有体育地理学之名，无地理学之法”，那么快速发展阶段则出现了很多“有地理学之法，不限于体育地理学之名”的研究，这也是体育学科深化融合与交叉的积极影响。

表4-1列举了部分体育地理学者的代表性研究结论、研究方向等。

表4-1　部分体育地理学者情况统计

学者	单位	代表性研究结论	研究方向
史兵	陕西师范大学体育学院	探讨体育地理学基本理论问题，认为体育地理学是地理学与体育学交叉形成的综合性学科，它的研究对象是体育运动与地理环境之间的相互关系；体育地理学的学科特性是区域性、综合性；体育地理学的研究包括体育景观研究，区域体育分异与整合研究，体育的形成、演变、发展与空间传播研究，体育与环境问题研究，体育运动场所的空间布局，体育地理信息系统等；体育与地理环境关系极为密切，研究体育地理学有助于拓展体育研究的视野	体育地理学
蔡玉军	上海体育学院	居民公共体育空间感知包含外部感知（可达性、可入性和适停性）和内部感知（服务水平和情感激发）；居民公共体育空间感知与体育活动行为存在互为增减的关系，其中，服务水平与休息日持续时间、情感激发与出行时间、可达性与出行方式、可入性与休息日持续时间、适停性与月均消费的正相关较密切。结论：提高城市居民公共体育空间感知，可能是改善其体育活动行为的一个有效策略	城市体育空间与居民体育活动行为

续　表

学者	单位	代表性研究结论	研究方向
邓星华	华南师范大学体育科学学院	以现代体育传播的兴起为出发点，探讨了现代社会为体育传播提供的基本条件，以及现代体育传播发展下，现代体育与媒体的结合形成了具有大众文化特征的文化形式——视觉文化；现代大众媒体所表现出的体育，集中体现了体育与媒体的狂欢，同时，大众媒体所推崇的“锦标主义”，忽视了对大众的关注，也影响到体育的形式和内容，使体育都经过一定强化了的仪式表现出来。体育与大众传媒“联姻”而形成的体育传播的商业化，在促进体育发展的同时，也在很大程度上阻碍了体育的发展。体育全球化进程中有着体育现代化的深深印记，而传媒在体育全球化过程中发挥了巨大作用。同时，体育传播促进了世界体育的传播，促进了不同文化之间的体育交流。中国体育要成为世界体育的主流，必须主动融入体育全球化大潮中，在改革与创新的基础上，建立具有中国特色的体育话语体系，形成自我发展模式	体育人文社会学

续 表

学者	单位	代表性研究结论	研究方向
陈颇	重庆师范大学体育与健康科学学院	中国与“一带一路”国家体育用品贸易空间网络结构的“核心⟵⟶边缘”结构非常清晰，各国间体育用品贸易网络的关联程度较高、连通性较好、等级性明显、稳定性较强，但彼此间的体育用品贸易合作关系仍有较大提升空间。在“一带一路”体育用品贸易网络结构中，中国、土耳其、捷克、波兰、匈牙利、巴基斯坦、印度和保加利亚等国处于核心位置，对其他国家的体育用品进出口贸易具有较大影响，拥有较强的国际体育用品贸易话语权。各个国家在“一带一路”体育用品贸易网络结构中的地位与功能差异明显，可分别归为“内向贸易板块”“孤立贸易板块”和“外向贸易板块”3种类型。国家间的经济发展水平差异与人口基数差异对“一带一路”国家体育用品贸易网络结构具有显著影响，但国家间的地理空间邻接关系、文化传统差异、人均GDP差异对“一带一路”国家体育用品贸易网络结构的影响并不显著	体育经济学
杨剑	华东师范大学体育与健康学院	城市体育空间内涵丰富，包括体育的各种空间形式；城市体育空间研究中存在理论构建体系不扎实，研究对象集中，研究范式单一，多定性研究、少定量研究，研究过于强调主体性，忽视与人、环境的互动等问题；城市体育空间研究的未来出路在于城市体育空间理论体系的再构建，强调城市体育空间研究的综合性、地域性和多样性，城市体育空间研究范式的再拓展，注重城市体育空间主体、体育行为与城市空间的互动研究，推动城市体育空间的可持续发展研究等	体育运动心理

续　表

学者	单位	代表性研究结论	研究方向
陈昆仑	湖北大学资源环境学院	中国顶级职业足球俱乐部的城市分布在空间上呈现明显的总体不均衡和局部集聚特征。总体不均衡主要表现在东、中、西部分布差异大，东部沿海城市的顶级职业足球俱乐部分布约占总数的74.8%。局部集聚主要表现在直辖市和省会城市是顶级职业足球俱乐部的集中分布地，累计占总数的77.6%，个别年份甚至在辽宁、广东、上海等省份出现块状集聚。顶级职业足球俱乐部在中国城市的分布是一个动态演化的过程，除了区域内的整合重组之外，还有区域外的迁移。中国顶级职业足球俱乐部在北方城市的分布数量、稳定性和连续性均优于南方城市。中国顶级职业足球俱乐部在单赛季普遍存在单个城市集聚的现象，但在20年间（1994—2013年）总体分布上呈现明显的离散状态	城市地理与城市规划

（二）主要研究者分析

和西方体育地理学研究多由地理学者发起不同，我国体育地理学研究成果多来自体育学科的学者。史兵教授是我国体育地理学学科体系早期的探索者。2005年，他与王震合作发表《关于构建中国体育文化区的讨论》，认为体育文化区是体育地理学的研究内容之一，并提出划分中国体育文化区的依据、今后的研究内容和体育文化区的层级结构等。此后，史兵教授更是对体育地理学理论体系的构建发表了引领性的观点。他认为，体育地理学是地理学与体育学交叉形成的综合性学科，它的研究对象是体育运动与地理环境之间的相互关系；体育地理学的学科特性是区域性、综合性；体育地理学的研究包括体育景观研究，区域体育分异与整合研究，体育的形成、演变、发展与空间传播研究，体育与环境问题研究，体育运动场所的空间布局，体育地理信息系统等。体育与地理环境关系极为密切，研究体育地理学有助于拓展体育研究的视野。

2005年之后，体育人文社会学、体育教育训练学等二级学科的学者以及部分地理学科的研究者，在研究体育经济问题、体育文化传播问题、体育活动模式、体育健康促进等实践问题时，都借鉴了地理学的研究方法，如蔡玉军的空间感知调查研究，邓星华进行的体育文化传播问题研究，陈颇以经济地理学的空间网络视角对体育用品贸易的解读，杨剑进行的城市体育空间建构研究，以及陈昆仑运用空间集聚模型对中国顶级职业足球俱乐部时空分布的分析等。

（三）发表期刊分析

由于我国体育地理学的研究成果主要来自体育学科的学者，体育学以本学科的学术期刊为主要学术交流阵地，因此，刊文数量排名靠前的都是体育类的期刊。其中，《体育文化导刊》的刊文量最多（图4-2）。一方面，这从一个侧面反映出我国体育地理学研究整体上偏向于人文地理学领域，但也在自然地理和地理信息技术上有所尝试。另一方面，也反映出体育学科与一般的地理学科在学术交流上并不是十分活跃。

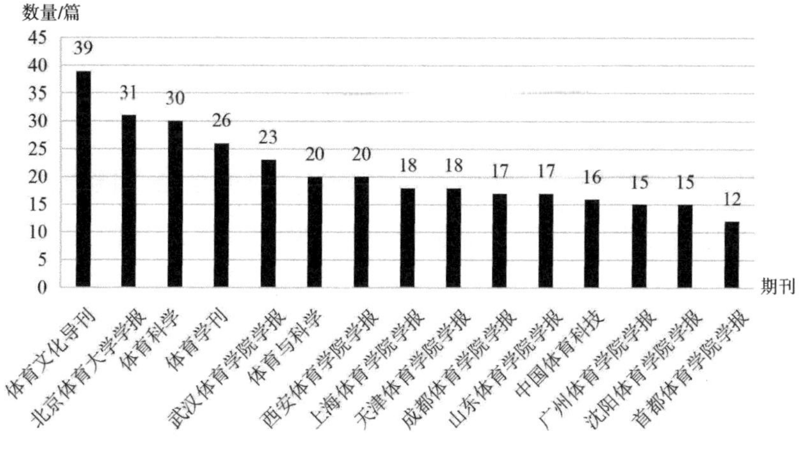

图4-2 体育地理学研究成果发表的主要期刊统计

（四）研究主题分析

中国体育地理学研究成果整体上形成了5个主题子群。除关于体育地理学学科体系建构的讨论外，其余4个子群如下。

1.体育产业空间集聚与资源配置——经济地理学取向

在产业体系方面，纵向的产业联系、横向的产业分工及其对城市和区域发展的影响，都是体育产业与地理产生联系的重要方面。全球和地方体育用品市场的规模多大？市场增长率是多少？体育市场机会、市场风险和市场概况是什么？哪些趋势、挑战和障碍将影响市场的发展和规模？体育用品市场顶级制造商的销量、收入是多少？未来几年市场形势将如何变化？……这些问题一直是体育产业研究的常态话题。在体育产业体系的组织中，区域和地理概念从来都是难以回避的。

此外，体育旅游也是一个新兴的体育地理学热点。体育旅游可以追溯到古代奥运会，体育长期以来一直影响着旅行。然而，大量主动或被动参与体育运动的游客是一个相对较新的现象。体育旅游将体育视为一种吸引力，可以定义为远足者、游客和体育迷临时休闲访问目的地，以观赏或亲身参与体育活动。体育旅游的案例包括足球比赛、高尔夫锦标赛和标志性赛事，如奥运会、世界杯等。此外，还包括参观与体育相关的场所，如标志性体育场馆和运动员之家。

体育旅游研究逐渐从现象描述转向对体育旅游的解释和探讨。有关研究分析了体育旅游涉及的复杂空间和时间关系并提出了几种分类方式。金门和罗宾逊认为，体育旅游可以分为硬体育旅游和软体育旅游，前者指被动或主动参与竞技赛事，而后者则包括积极的娱乐性参与。因此，体育旅游可以分为主动体育旅游、赛事体育旅游和怀旧体育旅游。影响体育旅游增长的主要因素包括经济、政治和社会人口发展趋势。经济发展吸引游客前往体育目的地，稳定的政治环境是体育旅游增长的先导。未来的体育旅游研究可以尝试探讨体育与旅游、其利基市场及旅游流之间的关系。体育旅游在一定程度上已成为当下我国体育产业和城市经济新的增长点之一，并且不断受到关注。

2. 民族传统体育的传播与创新——文化地理学取向

民族传统体育项目不仅仅是身体活动，它们还从根本上构建了每一个个体和群体的社会身份。维持以亲属和居住地为基础的关系仍然是很多民族传统体育项目关注的核心问题。文化地理学取向的研究有助于对民族传统体育的传播与创新。民族传统体育发生的场景不是空的空间，不是分隔的空间，而是关联的空间，将独立的实体和事物结合在一起，对民族传统体育项目的地理学研究具有坚实的现实基础及实践意义。

在社会学中，“结构”通常是指影响个人行动的组织和模式化安排，如社会阶层、性别、习俗等。结构理论解释了通过这种结构内的各种实践和活动产生和再现意义的过程。例如，体育文化创造的意义包括附加于运动服饰、体育规则和条例、运动和休闲空间的各种意义。作为一种承载不同地域文化丰富内涵的文化形态，中华武术显著的结构特征日益引起人们的重视，有关地域武术文化的研究正逐渐成为当前武术文化研究的一个新兴热点。我国地域辽阔，各地社会经济的发展不平衡，文化的发展也呈现出多样性，所以，各地武术文化的形成和发展具有明显的地域性和民族性特点。

3. 竞技体育——体育人才与成绩的空间预测

现代竞技体育人才的研究较为热门，一般认为我国现代竞技体育人才在地理空间上的分布与自然区域特征密切相关，整体上呈现出很强的规律性和空间非均衡特征。目前竞技体育人才的空间分布从全国范围来看，在一定程度上与社会经济格局呈现出较强的吻合度。吴殿廷等认为，“三大地带”的区域特征决定了竞技体育人才的空间分布特征，奥运冠军籍贯分布东多西少，力量型冠军主要出自东北和华北，技术型冠军主要出自江浙、中南和西南地区。“南巧北悍”是人们根据地理特点对我国区域性人体特征的总结。此外，从南北传统竞技项目分类来看，也有“南人善舟、北人善马”之说。

女性主义地理学的身影也出现在这个研究子群中。在体育领域，女权主义是一个重要的研究思潮，女权主义学者批判了体育活动和休闲运动对女性的限制。部分学者对我国女性竞技体育人才的空间分布进行了探索，认为其分布是不均衡的，主要集中分布在东部沿海省份，而西部地区分布较少。此外，体育项目可分为体能主导类、技能主导类、技心能主导类以及技战能主导类，其中前两类的冠军主要集中在南方，后两类的冠军则主要集中在北方。

中国的运动员输入和输出问题，尤其归化球员问题也受到了关注。中国的归化战略是全球趋势的一部分，因为全球化的经济和移民模式已经让许多国家在足球赛和奥运会等商业化体育项目中吸引了外国运动员。在参加2018年俄罗斯世界杯的32个国家中，22个国家队共有82名外国出生的球员，摩洛哥队以17名外国出生的球员位居榜首。2016年里约奥运会中有22名华裔乒乓球运动员代表他国出战。

4.群众体育——体育设施和活动的空间布局与配置

体育设施和活动的研究是一个相对较成熟的研究领域，它涉及为各级运动员训练和比赛创造最佳的、负担得起的和可持续的设施，还涉及给观众带来极致的观看体验。可以通过为奥运会等大型赛事建造设施，向观众提供有关运动员表现的实时信息等来增强观众的体验。体育设施和活动的空间主题与“测量、反馈和模拟”密切相关。

一是城市大型体育场馆与地理空间。近年来，基础设施已成为大型活动投标议程中不可或缺的组成部分。学界正在探索在大型活动的基础设施（体育场）发展议程方面的替代策略问题，如政府是否应考虑建造更少的体育场？是否应该审查体育场的大小？在减少体育场馆数量的情况下，赛事主办方是否可以延长举办比赛的时间，以便减少场馆的有效设施数量？现在已有大量围绕大型赛事及其遗产、影响和相关结构的论述，该领域的研究对体育地理学知识体系做出了贡献。

二是学校体育场馆与地理空间。学校体育场馆的主要功能在于服务学校师生，同时也承担一定的社会服务功能，为学校周边社区居民提供体育锻炼的场所，其对社会开放能有效促进城市体育场馆资源在地理空间上的合理配置。目前，我国高校体育场馆开放度不高，只有少量娱乐性强、休闲时尚类体育场馆实现了对社会开放，而这些场馆的对外开放在一定程度上以营利为目的。也就是说，目前学校体育场馆并未充分承担其应该承担的功能——惠及周边居民，促进体育公共服务的空间公平。

三是社区体育设施与地理空间。随着社会经济发展，一些社会资本开始进入社区体育设施供给领域，利用居住空间、预留的建设用地和废弃的工业建筑厂房等建设体育设施，通过提供初级的体育服务来获取经济利益。这在一定程度上填补了社区体育设施供给的不足。体育设施管理的很大一部分是项目开发。对于社区体育设施而言，需要确定计划目标和实现这些目标的策略，研究的重点应该转向为各种群体制订设施计划，如学龄儿童、全职妈妈、老年人、青少年等。无论是提供特定运动的训练课程还是适合所有年龄段的各种课程，都需要一个具有成本效益的计划。

二、博士论文分析

体育地理学不同于体育管理学、体育社会学、体育经济学、体育法学等“老大哥”，是一门相对较小的学科。尽管许多体育人文社会学或体育教育训练学的学位论文确实包含地理计量模型或质性材料，但它在本科阶段尚没有作为一个独立的主题。体育地理学虽然在一些院校（如陕西师范大学）的研究生阶段讲授，但它仅作为一个研究方向出现，硕士课程的数量仍然相对有限。一些体育学的博士研究生在各自研究领域借用了地理学的理论和方法，进行了卓有见地的探索（表4-2）。

表 4-2　体育学博士研究生有关体育地理学的学位论文举例

研究领域	论文题目	作者	培养单位	年份/年
体育产业	长三角体育产业一体化的理论与实证研究	廉涛	上海体育学院	2020
	大连市体育产业发展及布局优化研究	钟敬秋	辽宁师范大学	2017
	区域体育经济产业布局与结构研究——以长江三角洲地区为例	李亚慰	苏州大学	2014
	冰雪旅游目的地引力模式的理论与实证研究——以吉林市为例	任桐	东北师范大学	2012
体育健身休闲	城市建成环境对居民健康的影响及其路径研究——以上海为例	尹春	华东师范大学	2020
	社区公共户外活动场地适老化评价与规划应用研究	孙艺	哈尔滨工业大学	2018
	武汉市体育休闲活动空间生产研究	周璐	武汉体育学院	2016
	城市居民休闲体育行为的空间需求与供给研究——以上海市为例	金银日	上海体育学院	2013
民族传统体育	京师武术文化研究——以北京为个案	朱君	上海体育学院	2017
	青藏武术文化研究	王明伟	上海体育学院	2016
	中国民族传统体育文化生态研究	饶平	湖南师范大学	2015
	三晋传统体育文化研究	孟林盛	山西大学	2014
	汉代西南体育地理研究	秦立凯	西南大学	2013

续　表

研究领域	论文题目	作者	培养单位	年份/年
民族传统体育	闽台武术文化研究	张银行	上海体育学院	2012
	关东武术文化研究	徐烈	上海体育学院	2010
竞技体育	基于地理学视域下的我国普通高校高水平运动队空间分布特征分析	赵建峰	山西大学	2020
	比较优势理论下我国各等级项目群体的区域分工研究	罗智	北京体育大学	2004

三、专著与教材分析

国内系统论述体育地理学学科发展的专著目前还属空白，但在李学文编的《中国袖珍百科全书》（社会科学卷）（2001年版）中介绍了它是揭示体育运动与地理因素之间存在的关系的新兴学科，在吴兆祥主编的《科学研究》（2010年版）中也介绍了体育地理学在中国的学科形成情况。

从地理学视角深入讨论体育问题，对体育地理学研究有所贡献的专著不断出现，丰富着体育地理学的研究领域和方法创新、材料创新、观点创新。例如，翁锡全主编的《体育·环境·健康》（2004年版）针对体育环境研究这一体育科学体系的新领域，在概述体育环境的基础上，系统阐释了数理地理环境与运动能力、自然地理环境与体育运动、赛场噪声与运动能力等内容。李吉远所著的《当代浙江学术文库　岭南武术文化研究》（2015年版）借鉴历史地理学、文化心理学及文化社会学等相关学科研究方法，揭示了岭南武术文化的概念及内涵。徐烈所著的《关东武术文化研究》（2016年版）以关东地域内的武术为研究对象，结合文化学、史学、地理学、社会学及武术文化等方面的理论，从多视角、多维度探讨关东地区多元化的武术文化积淀，并对武术中的各种文化现象和文化形式进行阐释。毕红星所著的《经济地理学视域下公共体育设施建设布局创新研究》（2016年版）旨在探索和建立城市公共体育设施建设布局“点-轴-网”理论模式，指出了城市公共体育设施建设布局与经济地理学之间存在相互依存的关系。

林凤蕾等编著的《体育地理学》（2017年版），是浙江省“十三五”重点教材建设项目的成果。该教材共包括八章内容：第一章为体育地理学概述，分别对体育地理学的起源、研究对象、学科性质、研究方法及其在中国的理论研究和实践等进行了概述；第二章为体育的空间布局，分别对体育运动空间扩散的方式、中心地理论及其在城市体育场馆空间布局中的应用等展开研究；第三章至第八章分别对体育与地理环境、体育文化、体育人口、体育旅游资源、体育旅游基础地理知识、区域民族传统体育等进行了研究。

第二节　学科发展困境

一、主要困境

学科是指一定科学领域或一门科学的分支，主要指的是知识的代表，或可以具体地被当作知识的单位。英语中的discipline一词具有多重且相关的意义，包括学科、纪律、教养、训练、修养、惩戒、惩罚等。1986年，Hoskin与Maeve指出，古拉丁文disciplina已兼具知识（知识体系）与权力（纪律）的意义。在乔叟（Chaucer）时代，英文中的discipline指各门知识，尤其是法律、医学和神学等新兴的大学里的“高等部门”。在牛津英语字典里，discipline（学科）与doctrine（教义）有所区别，前者是门徒和学者所属，后者则是博士和教师所属。1991年，Shumway与Messer-Davidow指出，这种区分显示出“学科/规训”与实践或练习有关联，而“教义”则属于抽象理论。这样的区分有助于理解为何“学科”是用来描述基于经验方法或客观性所建立的新学科。

就中文的译词而言，discipline最常被翻译为“学科”与“规训”。1983年，Goodson从历史的角度对科目（subject）与科目之间的改变与冲突的形态进行研究。他提出了科目的三个假设，分别是：

科目不是单一的实体；科目团体将科目转向学术；课程的大部分争论都可以由科目间对地位、资源和研究领域的冲突来解释。可以发现，学校里的部分科目（如美容）尚不具备学科的标准，学术价值远低于学科。换言之，科目的结构比学科更为松散，即由纯知识的观点来分析学科其实有极大的局限性。

一门知识被称为学科，常常表示它具有严格的、被承认的特性。就数学而言，它就是一个非常典型的学科。数学本身拥有严格的推理逻辑与运算规制，而且数学领域内的问题表征与精确性要求使数学成为“科学之母”。换言之，由学科的这种性质来看，如果知识本身是松散的、不被承认的，那么这样的知识是不能被当作“学科”的。

首先要面对的一个问题便是，知识为何要成为一个学科？就实际状况而言，知识成为学科会享有一定的专业利益。此外，体育地理学还要解决“体育地理学是不是一个学科”的问题。答案显然并不乐观。1993年，Hoskin表示，体育地理学之所以还不是一个一级学科，主要是因为体育地理学把其他真正的学科共冶一炉，以至于在其他严谨的学术同僚眼中，体育地理学只是一个次级学科。

整体而言，科学常常是定义学科的重要指标，如果将所有学科聚集起来加以分门别类，似乎可以做这样的简易区分：所有学科可以分为自然学科、社会学科和人文学科。知识成为学科所带来的专业利益，一方面在于分门划界，另一方面在于同类知识的再生产。在分门划界方面，学科本身具备的排他性与独占性使得专属的学术社群成员拥有更多的自主性，蕴藏更多的自我利益。1983年，Gieryn提到科学因为具有强烈的不可渗透性，以至于它总是漫长的边界纷争史上的赢家。科学除了定义自己是学科外，也明确排斥其他研究。19世纪西方的学会和大学便是以此来垄断知识的生产与传播的。分门划界意味着“外人勿近”“非我族类，请勿擅入”，但是这样的分门划界并非静止不动的，当学科本身要向外“开疆辟土”进行边界的扩充时，分门划界的工作又会被重新定义，包括方法、内容与人员等。学科的严格区分可以使自身对于内部的运作拥有更大的自主权，甚至对外人而言，这是一个可以被容许的“黑箱”，其运作外人无从干预。

由学科的性质来看，学科的作用不只是排他性，更重要的是更为积极的一种作用，即学科本身支配着该学术领域的论述形式。这种主导论述的作为可以被理解为一种对自身学科的界定，更确切地说，就是指“凡我族类，应该如何来谈这个学科”的问题。

体育有着深厚的历史渊源，在经济和文化发展中发挥着重要作用。广泛的自然科学和社会科学都关注体育，但就地理学而言，对体育的关注程度不如其他学科。尽管如此，体育地理学对整个体育知识库仍做出了重要贡献，它的传播与扩散以及围绕它产生的意义等，阐明了体育是如何从根本上成为地理主题的。多年来，区域、空间科学、政治经济学、人文主义、社会建构主义和后人文主义理论都被用于体育地理学研究。所有这些，都在适应新时代体育生产和消费的技术和文化趋势。

我国体育研究的内涵和外延都随着社会经济的进步而不断拓展。研究重点由最初的体育竞技拓展到体育教育，继而与相关学科交叉发展出运动医学、体育社会学、体育管理学等一系列分支学科。近些年通过借鉴社会学、经济学、地理学等相关学科的成熟分析框架和研究方法，体育学研究不断朝纵深方向发展，关注到体育文化、群众体育、非正式体育活动、体育活动与社会公平、体育产业与区域发展等方面。在这一过程中，参与体育研究的学科也在不断增加，从教育学到医学，再到心理学、人类学、社会学、经济学、管理学，乃至政治学、地理学等。从我国体育地理学发展历程来看，一方面它顺应了学科交叉的发展潮流，另一方面它更加细致地关注了社会发展中的体育主体、体育行为、体育现象，并在此基础上实现了体育研究与体育实践和社会发展的良好结合。

应该说，在全球体育发展充满不确定性和西方体育地理学学科大发展背景下，我国体育地理学的发展是较为迅速的，但作为后发学科，仍存在诸多困境甚至危机：（1）体育地理哲学方面的研究成果很少。（2）中国体育地理学发展中，在学科体系上出现了划分不合理、分化严重等问题，特别是与人文地理学、经济地理学、地理信息系统的分支体系关联还没有厘清。（3）中国与西方国家在社会制度、文化传统、价值判断、思想理念等方面都存在巨大差异，虽然具有滋生新理论的土壤，但我国体育地理学元理论建设却相对滞后。（4）体育地理学广泛采用历史的、地图的、比较的、统计的、数学的和其他学科也使用的研究方法，但总体而言，我国体育地理学仍处于以定性描述和简单借用GIS工具为主的阶段。

二、困境的根源

造成上述困境甚至危机的原因是多元的，总的来说，主要有以下几个方面：

（一）主观意识的局限

大学管理者和学科教师都承认交叉学科的重要性，但主观上开展学科交叉研究的意识薄弱。受到学科建制的影响，很多教师容易产生学术上的单学科惰性，甚至会有学科之间的“鄙视链”，要么不愿意开拓新的学科空间，要么不屑于一些学科的交叉研究。地理学对于体育地理学的薄弱贡献，便是这种主观局限性的体现。一些高校管理层迫于学科评估等方面的压力，也难免追求短期效应，无法给后发的交叉学科更多的发展空间和经费支持，从而导致交叉学科缺乏主动性和原创性。

（二）学科设置的障碍

目前，国家在专业目录，以及学科门类、一级学科、二级学科和相关专业的标准方面没有给体育地理学这样的交叉学科留有足够的空间。在学科目录或专业目录中没有体育地理学的身影，这意味着它在实际的学科发展中是可有可无的。众所周知，在高校现有的科研和教学管理体制下，学科是项目申报、经费申请、人才培养、职称评定、定岗定编、学位点设置的基础和依据。没有学科位置，交叉学科就没有“合法地位”。近年来，国家虽然开始逐步提倡跨学科研究、发展交叉学科，但成效不太明显，这与交叉学科设置的地位缺失有着一定的关系。

（三）建设平台的缺失

我国高校的组织结构基本上是按照学科门类、一级学科、二级学科建构起来的院系，这种管理体制上的条块分割加大了学科之间的隔阂。体育地理学的发展需要更多的专业化科研机构，将其设置在高校的一级学科之下，并在此基础上形成更多的体育地理学科研机构联盟，才有可能使其发展成学会。目前，陕西师范大学、南京师范大学等院校已经意识到这一趋势，有的将体育地理学纳入研究方向，但这些机构多是以项目课题为纽带建立起来的临时机构，人员多为兼职的，缺乏长远的制度设计和完善的资源配备，难以从根本上解决体育地理学学科建设平台的缺失问题。

（四）评价机制的困扰

由于体育地理学是多学科相互交叉渗透的产物，研究涉及的学科多，知识体系复杂，对同行专家的要求高，使同行专家成为一种稀缺资源，导致诸如评选重点学科难、申请课题项目难等问题，甚至建立伊始就可能得不到学界认同。无论是对学科、专业的评价，还是对个人科研、教学能力的评价，论文数、专著数、课题数、获奖数等指标都被过多强调，缺乏全面系统的质量指标以及数量与质量相统一的评估程序和评价体系，而且不同学科特别是文理学科间的评价尺度、衡量标准、考评重点都自成体系，没有形成相对统一的评价机制和程序。这些情况导致对体育地理学研究作出科学、客观、公正的评价难上加难。

（五）人才队伍的匮乏

体育地理学虽然是一个交叉学科，但经常被理解成非常边缘的学科，现实中的体育地理学研究更像是"游击战"。现阶段，我们既没有体育地理学本、硕、博一条龙的人才培养机制，也很难达成体育学或地理学跨学科选材或升学的共识。这就意味着，体育地理学的研究队伍，多是研究者凭着兴趣维持的，难以形成有规模的、相对成熟的研究团队。从另一个侧面看，现有的学科体系培养的学生，本身也相对缺乏学科交叉的知识结构和学科素养，人才潜能的挖掘更多的是"靠运气"。因此，体育地理学人才队伍的匮乏将是未来一段时期内需要解决的问题。

第三节 学科建构对策

综观全球，体育地理学的发展要应对一些新的形势：(1) 体育地理学研究对象的变动、研究内容的扩展、研究方法的更新、理论体系的完善，始终要追赶地理学流派的嬗变，“后发性趋势”显著。(2) 体育地理学研究的不是脱离社会存在的独立个体，而是体育活动与地理环境的结合体，这样的体育活动有历史性，与地理环境所形成的关系具有很强的社会性，“人文化趋势”显著。(3) 体育地理学的研究领域包含产业、职业俱乐部、城市、运动员行为的区位选择等，这些领域始终与经济学研究方法紧密结合，“经济化趋势”显著。(4) 体育地理学的发展伴随着经验主义、逻辑实证主义、结构主义、人本主义、后结构主义的步伐，这些哲学认识论与体育地理学研究结合后，在学科研究领域拓展方面产生突出作用，“方法论趋势”显著。

一、开拓研究议题

目前国内体育地理学领域仍多以史兵教授的研究为依据，研究成果分布在体育与地理环境、体育文化及空间传播、体育经济活动的规划布局、GIS的应用以及体育地理学学科理论体系建构等方面。

笔者研究发现，原领域随着时代更迭已不符合需求，尤其人的运动参与与运动行为已是当前体育地理学的研究主轴，显而易见，有必要重新检视研究议题领域的扩张和转移与时代背景之间的关系。

首先，基于大数据的数据集分析可用于研讨体育环境管理、体育资源管理以及体育产品和服务更好、更有效的供给与消费方式。体育物联网中一个新兴的研究领域是人与其数字体育环境之间的交集——“数据化体育空间”，值得探究。此外，在人与智慧体育城市的互动中，遥测和数字网络可以监控交通、能源、微气候、信息、通信流等的实时模式，也可以影响人类体育行为模式。这些新型的人为空间和人与电子的相互作用为体育互动中的人地关系研究提供了新的视角。其次，体育地理学研究有助于预测和管理体育环境的变化。体育环境是由政府自上而下的政策驱动和自下而上、基于社区、多样化的居民在体育活动过程中形成的关系构成的。尽管一些研究已经检验了这种关系的变化性质，但现在出现的一个主题是跨学科，开发模型来描述基于过去行为的未来变化轨迹，通常采用的方法是空间或时间外推法。最后，体育地理学研究者在调查体育遗产和文化方面应该更加活跃，除了体育考古、场馆和纪念碑等建筑环境的意义研究外，西方体育地理学界还研究了非物质表达（如价值观、语言）。此外，体育物质与非物质文化遗产衍生的旅游活动也值得探讨。

二、建立研究团队

虽然人才匮乏是现实，但目前共同研究成果的快速增加表明，国内体育地理学领域研究团队已逐渐形成，尤其是跨学科领域整合的趋势明显。这也凸显了研究团队对于学科领域发展的重要性不容忽视。在无法大规模培养体育地理学本、硕、博三层次人才的情况下，建立高质量的体育地理学研究团队便是权宜之计。

三、重视方法论突破

20世纪中叶，通过准确使用定量技术和方法，地理学参与了对“客观性”的探索，这些技术和方法至今已在不同的地理学领域得到广泛发展。正是这种地理新实证主义导致以约翰·鲁尼为代表的体育地理学研究领域出现。20世纪末以来，GIS发展成为一种有效的地理语言，它集语义定义、特征提取、地理动态表示和时空因素分析于一体，统一了地理现象和对象的计算。GIS为人们识别、理解和模拟整个体育地理学现象提供了一种新的手段。因此，探索GIS在体育地理学学科发展中的作用变得越来越重要，尤其是基于地理对象的图像分析的发展趋势值得关注。

在西方学界，体育地理学被认为从属于社会学科，虽然体育地理学的发端是由逻辑实证主义支持的认识论和本体论基础，强调绘图和预测。然而，我们在20世纪初以来西方体育地理学的讨论中发现，研究者们使用了定性研究方法。在过去的几十年里，随着以哲学为基础的人文地理学和批判式人文地理学的发展，特别是人类学和社会学对地理学的支撑，体育地理学出现了一个方法论趋势：将体育空间视为社会生活、感知和建构的空间，体育地理学开启了更加开放的定性和解释性研究。从这个角度来看，体育地理学对空间意义和用途的把握应注重定性研究体育活动的空间性或体育行为的空间性，以及对占据和建构体育活动空间的人的话语的研究和分析。

四、重视研究伦理

研究伦理是研究人员专业精神与专业态度的重要表征，近年来研究伦理相关议题已受到国内外学者的关注。挂名、抄袭等行为将受到严惩。为此，体育地理学的研究势必要谨守学术研究伦理的规范及守则。

五、确定国际定位

国内体育地理学领域，主要依循西方地理学的观点发展议题，然而中国所具有的体育文化、空间特征、人地关系等都与西方国家有所不同，其是否反映了国内体育地理学学科领域发展过程，国内是否应建构属于中国的体育地理学学科观点，以切合中国特有的文化背景及需求，是国内体育地理学研究人员在展望未来的同时亟须深思的。同时，国内体育地理学研究人员也可尝试撰写英文文章，以深化该领域的学术国际化。

研究结论

体育地理学是以人地关系为基础，探讨各种体育主体（运动的人）、体育行为（人的运动）和其他体育现象（体育环境和媒介等）的分布、变化和扩散规律，以及由此形成的人类体育活动的空间结构的一个研究领域，乃至一门学科。

约翰·鲁尼与约翰·贝尔是现代意义上体育地理学的开拓者和领航者。以约翰·鲁尼为代表的一众学者，在体育地理绘图和体育活动空间预测方面成果卓著，而以约翰·贝尔为代表的一众学者，进一步厘清了体育地理学学科定位，并在现代体育的地理传播、体育经济区和体育文化区、体育移民、体育实践的地方感、体育活动的地理想象等方面成果卓著。受美国计量主义和欧洲人文主义的双重影响，西方体育地理学在发展中逐渐呈现出兼具技术决策、人文关怀、社会属性三种研究路径的特点。

“面向宏观，兼顾微观”是当代体育地理学学科现实应用的基本模式。西方体育地理学学者和研究机构与政府、企业的合作密切，学科发展过程中的现实应用主要致力于解决城市发展、体育公平、商业创新、健康促进等现实紧迫问题。对我国体育地理学学科来说，要完成其在体育强国建设过程中的时代使命，有必要聚焦如下应用领域：综合分析体育发展面临的地理环境问题及解决问题的国际经验，模拟大型体育赛事等重大体育节事过程中的空间情境与风险，探索体育发展的空间驱动机制以及空间演变的基本规律，为竞技体育、学校体育、群众体育的发展寻找空间政策依据，辨析体育发展的空间格局和差异模式，指导体育产业集聚区和体育文化区的建设，揭示体育与城市发展的资源环境耦合关系，为智慧体育城市建设和体育旅游目的地建设选择可持续发展之路。

改革开放以来，我国体育地理学研究因时代变迁与社会发展而不断延伸其理论论域，形成了独特的学术分布特点：（1）从文献数量来看，自2005年起，国内体育地理学研究成果数量开始攀升，且增长势头明显。（2）从研究力量分布来看，发文量较多的作者是史兵、蔡玉军、陈颇、邓星华、邵斌、杨剑、陈昆仑等，而刊发体育地理学相关主题论文量较多的期刊是《体育文化导刊》《北京体育大学学报》《体育科学》《体育学刊》《武汉体育学院学报》等。（3）从研究主题来看，除关于体育地理学学科体系建构的讨论外，国内体育地理学研究形成了4个子群：偏重经济地理学取向的体育产业空间集聚与资源配置研究，偏重文化地理学取向的民族传统体育的传播与创新研究，注重体育人才与成绩空间预测的竞技体育问题研究，以及重点关注体育设施和活动空间布局与配置的群众体育问题研究。

我国体育地理学的研究内容经历了一个从宏观到微观，从国外主题介绍到运用地理学理论与技术解决本土问题的转变过程，从发展形势看，还存在一些困境甚至危机：（1）体育地理哲学方面的研究成果很少。（2）中国体育地理学发展中，在学科体系上出现了划分不合理、分化严重等问题，特别是与人文地理学、经济地理学、地理信息系统的分支体系关联还没有厘清。（3）中国与西方国家在社会制度、文化传统、价值判断、思想理念等方面都存在巨大差异，虽然具有滋生新理论的土壤，但我国体育地理学元理论建设却相对滞后。(4) 体育地理学广泛采用历史的、地图的、比较的、统计的、数学的和其他学科也使用的研究方法，但总体而言，我国体育地理学仍处于以定性描述和简单借用GIS工具为主的阶段。

我国体育地理学学科建构对策建议如下：(1) 开拓研究议题。基于大数据的数据集分析可用于研讨体育环境管理、体育资源管理以及体育产品和服务更好、更有效的供给与消费方式。体育地理学研究有助于预测和管理体育环境的变化，在调查体育遗产和文化方面应该更加活跃。(2) 建立研究团队。(3) 重视方法论突破。GIS在体育地理学科发展中的作用变得越来越重要，尤其是基于地理对象的图像分析的发展趋势值得关注。另外，应注重定性研究体育活动的空间性或体育行为的空间性，以及对占据和建构体育活动空间的人的话语的分析。(4) 重视研究伦理，谨守学术研究伦理的规范及守则。(5) 确定国际定位。建构属于中国的体育地理学学科观点，以切合中国特有的文化背景及需求。相关研究人员可尝试撰写英文文章，以深化该领域的学术国际化。

主要参考文献

[1]陈立松，谢晓曼，王浩远．关于构建体育地理学的研究综述[J]. 体育世界（学术版），2014（4）：29-30.

[2]陈修颖．中国传统体育运动起源与发展的地理诠释[J]. 人文地理，2000（1）：70-72.

[3]陈旸．基于GIS的社区体育服务设施布局优化研究[J]. 经济地理，2010（8）：1254-1258.

[4]崔瑞华．浅谈我国体育产业发展的时间与空间结构[J]. 体育文化导刊，2006（10）：53-54.

[5]但斌．体育地理学探析[J]. 武汉体育学院学报，1989（2）：18-22.

[6]邓星华．现代体育传播研究[J]. 体育科学，2005（10）：23-31.

[7]段文彬，闫颖慧，陈忠祥，等．我国体育文化空间差异及其区划研究[J]. 人文地理，2007（2）：107-110.

[8]龚健．影响职业体育的地理学因素分析[J]. 体育文化导刊，2006（10）：46-48.

[9]李玲玲，张翠娜．基于体育地理学视角的哈尔滨户外休闲体育空间设计对策研究[J]. 城市建筑，2015（16）：137-139.

[10]李伟．地理环境对傣族传统体育形成与发展影响探讨[J]. 云

南师范大学学报(哲学社会科学版),2005(5):91-94.

[11]林凤蕾,等.体育地理学[M].杭州:浙江大学出版社,2017.

[12]刘润,任晓蕾,黄敏,等.武汉市文化产业集聚发展的特征与模式[J].经济地理,2020(12):128-136.

[13]刘铮.中国体育地理学研究概览[J].河北师范大学学报(自然科学版),2017(1):87-92.

[14]鲁国斌,邹师思.我国优秀田径竞技人才成功因素的地理学分析:以全运会田径比赛冠军为例[J].长江大学学报(自然科学版)理工卷,2010(3):146-150,741.

[15]陆森召,杜长亮.我国冬季运动项目发展的地理学审视[J].体育文化导刊,2016(8):6-11.

[16]马志和,马志强,戴健,等."中心地理论"与城市体育设施的空间布局研究[J].北京体育大学学报,2004(4):445-447.

[17]穆少川.影响体育文化分布的地理因素[J].浙江体育科学,2011(2):37-39.

[18]彭国强,舒盛芳.地理学视域下的体育空间探骊[J].南京体育学院学报(社会科学版),2015(4):65-70.

[19]强海东.我国竞技体育发展不均衡现象的地理学分析[J].科技信息,2010(24):262-265.

[20]史兵,沈涛.艺术表现力的文化差异:基于体育地理学的范式[J].体育文化导刊,2005(11):44-47.

[21]史兵,王宇红.关于构建国家体育地理信息系统的初步研究[J].西安体育学院学报,2007(2):1-8.

[22]史兵.关于体育地理学研究内容的讨论[J].西安体育学院学报,2006(1):1-5.

[23]史兵.体育地理学理论体系构建研究[J].体育科学,2007(8):

3-24.

[24]史兵. 体育地理学理论研究[J]. 天津体育学院学报, 2005(5): 84-85.

[25]史兵. 体育文化空间传播类型研究[J]. 成都体育学院学报, 2007(2): 5-8.

[26]田恩庆. 大数据时代背景下的体育地理学研究动态[J]. 上海体育学院学报, 2020(1): 30.

[27]田至美. 略论体育文化的空间扩散: 兼论我国足球俱乐部的地理分布规律[J]. 人文地理, 2007(2): 102-106, 97.

[28]田至美. 体育文化的地理学解析[J]. 人文地理, 2002(5): 55-59.

[29]王成. 破解城市体育空间供给不足的新视角: 基于《体育学研究》2020年第5期《我国利用非体育用地建设体育场地设施研究》一文而谈[J]. 体育学研究, 2020(6): 99.

[30]王德智, 方源敏, 邱彭华. 中国足球俱乐部空间分布变化及其影响力分析[J]. 人文地理, 2015(6): 60-65.

[31]王东旭. 体育地理学理论研究综述[J]. 体育研究与教育, 2011(S2): 18-20.

[32]王东阳, 谢奇, 史兵, 等. 基于地理信息系统的青年男子短跑成绩与地理因素相关分析与评价: 以陕西省为例[J]. 陕西师范大学学报(自然科学版), 2011(5): 104-108.

[33]王家忠. 中国武术文化的人文地理学阐释[J]. 南京体育学院学报(自然科学版), 2014(3): 129-131.

[34]王茜, 苏世亮, 苏静. 社会地理学视域下的城市休闲体育空间重构[J]. 广州体育学院学报, 2009(1): 65-69.

[35]王松涛, 郑思齐, 冯杰. 公共服务设施可达性及其对新建住房

价格的影响：以北京中心城为例[J]. 地理科学进展，2007（6）：78-85，147-148.

[36]翁锡全. 体育·环境·健康[M]. 北京：人民体育出版社，2004.

[37]肖芝兰. 从参加体育比赛谈时差[J]. 北京体育学院学报，1984（1）：48-57.

[38]肖芝兰. 从体育地理学读高原训练[J]. 北京体育学院学报，1986（1）：59-68.

[39]谢燕妮，陈光玖，马强. 地理环境与羌族传统体育的形成[J]. 体育文化导刊，2006（10）：92-94.

[40]宿继光，刘定一. 三晋武术发展的文化地理学探析[J]. 体育文化导刊，2010（12）：87-90.

[41]赵兰革，隋勇. 体育用品销售行业地理空间分布研究：以烟台市为例[J]. 北京体育大学学报，2010（10）：17-20.

[42]周茜，陈琳. 论体育运动的发展与地理环境的关系[J]. 科技咨询导报，2007（15）：160.

[43]朱传耿，车冰清，邹德新，等. 中国体育强省建设的空间格局及动力机制[J]. 体育学研究，2020（1）：1-11.

[44]邹玉享. 中国体育产业集聚水平的空间分布及其演进趋势[J]. 统计与决策，2014（8）：137-139.

[45]BALE J，MOEN O. The stadium and the city[M]. Keele：Keele University Press，1995.

[46]BALE J，SANF J. Kenyan running：movement culture，geography and global change[M]. London：Cass，1996.

[47]BALE J. Changing regional origins of an occupation：the case of professional footballers in 1950 and 1980[J].Geography，1983（5）：140-148.

[48]BALE J. Geography and the Olympics：an evaluation of the work

of Ernst Joki[J]. Journal of Science and Medicine in Sport, 2000(3): 223-229.

[49] BALE J. Imaginary olympians: body culture and colonial representation in Rwanda[M]. Minneapolis: University of Minnesota Press, 2002.

[50] BALE J. In the shadow of the stadium: football grounds as urban nuisances[J]. Geography, 1990(75): 325-344.

[51] BALE J. International sports history as innovation diffusion[J]. Canadian Journal of History of Sport, 1984(15): 38-63.

[52] BALE J. Landscapes of modern sport[M]. London: Leicester University Press, 1994.

[53] BALE J. Sport space and the city[M]. London: Routledge, 2001.

[54] BALE J. Sports geography[M]. London: Routledge, 2003.

[55] BALE J. The adoption of football in Europe: an historical geographical perspective[J]. Canadian Journal of History of Sport, 1980(2): 56-66.

[56] BALE J. The brawn drain: foreign student-athletes in American Universities[M]. Chicago: University of Illinois Press, 1991.

[57] DUNNING E. Social bonding and the socio-genesis of violence [M]. London: Brighton Polytechnic, 1981.

[58] DUNNING E. Social bonding and violence in sport: a theoretical-empirical analysis[M]. New York: Springer Verlag, 1983.

[59] DUNNING E. The development of modern football[M]. London: Cass, 1971.

[60] EICHBERG H. Body cultures[M]. London: Routledge, 1998.

[61] ROONEY J, PILLSBRUY R. Atlas of American sport[M]. New York: Macmillan, 1992.

[62] ROONEY J. A *geography* of American sport: from Cabin Creek to Anaheim[M]. [S.L.]: Addison-Wesley, Reading, Mass., 1974.

[63] ROSENTRAUB M, NUNN S. Suburban city investment in professional sport[J]. American Behavioral Scientist, 1978(21): 393-414.

[64] SACK R D. Human territoriality[M]. Cambridge: Cambridge University Press, 1986.